AF612784

Vente du 20 au 25 Février 1882

SUITES

DE

VIGNETTES

ET

DESSINS

1882

COMMISSAIRE-PRISEUR

Me MAURICE DELESTRE

27, rue Drouot, 27

M. CLEMENT

Marchand d'Estampes de la Bibliothèque Nationale

3, rue des Saints-Pères, 3

Stock de Le Filleul

CATALOGUE

DE SUITES DE

VIGNETTES

POUR ILLUSTRATIONS

PAR LES PRINCIPAUX ARTISTES DES XVIIIe ET XIXe SIÈCLES

GRAVURES DIVERSES

DESSINS

PAR

MOREAU, DESRAIS, COCHIN, MARILLIER, DUPLESSIS-BERTAUX, DESENNE, DEVERIA, JOHANNOT, ETC.

AUTOGRAPHES

Dont la vente aux enchères publiques aura lieu

HOTEL DES COMMISSAIRES-PRISEURS, RUE DROUOT, N° 9

SALLE N° 4

Du Lundi 20 au Samedi 25 Février 1882

A UNE HEURE ET DEMIE PRÉCISE

Par le ministère de Me **MAURICE DELESTRE**, Commissaire-Priseur,
27, rue Drouot, 27.

Assisté de **M. CLEMENT**, Marchand d'Estampes de la Bibliothèque Nationale,
rue des Saints-Pères, 3.

EXPOSITION PUBLIQUE

Le Dimanche 19 Février 1882

DE DEUX HEURES A QUATRE HEURES

PARIS. — 1882

CONDITIONS DE LA VENTE

Elle sera faite au comptant.

Les adjudicataires payeront *cinq pour cent* en sus des enchères.

Les attributions de l'amateur pour les dessins ont été conservées.

ORDRE DES VACATIONS

Lundi	**20**	**Février** — Numéros...........	250	à	503
Mardi	**21**	— — —	504	à	757
Mercredi	**22**	— — —	758	à	1011
Jeudi	**23**	— — —	1012	à	1266
Vendredi	**24**	— — —	1267	à	la fin.
Samedi	**25**	— — Dessins.............	1	à	249

Paris. — Imprimerie Pillet et Dumoulin, 5, rue des Grands-Augustins.

DÉSIGNATION

DESSINS

ANONYMES

1 — Le roi Louis XIV recevant un cardinal.

Dessin de forme ovale, à la plume et lavis d'encre de Chine.

2 — Encadrement ornementé pour un portrait de Louis XV.

A l'encre de Chine.

3 — Buste de La Fontaine, soutenu par Ésope, entouré d'animaux, pour les fables de La Fontaine.

A la plume et lavis d'encre de Chine.

4 — Trois compositions pour un roman galant du XVIIIe siècle, intitulé : Quelques semaines à Paris. 3 vol. in-12.

Au lavis de sépia, rehaussé de blanc; ont été gravés.

5 — Trois dessins in-8, pour illustration de : Azalais ou le gentil Aimar, histoire provençale, trad. d'un ancien manuscrit provençal, par F. d'O.

Au crayon noir et mine de plomb. Deux de ces dessins sont accompagnés des gravures.

6 — Le Loup plaidant contre le renard par-devant le singe,— Le Pot de fer et le Pot de terre, — Le Renard et le Bouc, — Le Renard et les Raisins, — Le Singe et le Dauphin. Cinq dessins pour illustration des fables de La Fontaine.

A la mine de plomb et aquarelle.

7 — Scènes de Romans maritimes. Deux fleurons et deux figures.

Quatre jolis dessins au lavis d'encre de Chine et de bistre, rehaussés de blanc.

ANONYMES

8 — Illustrations pour : *Hector Martin*, roman par de K. D.

Deux dessins au lavis de bistre, rehaussés de blanc. In-8.

9 — Un Homme nu, endormi, et une mère venant de donner le sein à son enfant endormi. Composition de trois figures.

Au crayon noir et encre de Chine.

AUVREST

10 — Voltaire et Rousseau, représentés en pied, dans la campagne. Deux dessins faisant pendants.

A la plume et lavis d'encre de Chine.

BAUDET-BAUDERVAL

11 — Le Lion amoureux, — Le Rossignol (pour les contes de La Fontaine), — Vénus et Adonis. Trois dessins.

A la plume et lavis d'encre de Chine. Un est lavé d'aquarelle.

12 — Portraits de Henri Camille de *Beringhen*, — Marie-Anne Mancini, duchesse de Bouillon, — Lady Élyzabeth Denham, — Mme Denis, — Charlotte Desmares, — François-Joachim Potier, duc de Gesvres, — Mme d'Hervart, — Mlle Rose Caumont de La Force, — Mlle Madeleine de Lamoignon, — Le duc de Lewis, — Mlle Pélissier, — La comtesse Soutesk, — Mme de Thianges.

Quinze dessins au lavis d'encre de Chine ou aquarelle.

BAUDOUIN (P.-A.)

13 — La Sentinelle en défaut, première pensée.

A la sépia.

BERGERET

14 — Portrait-charge de Nourrit, célèbre chanteur. In-4.

A la plume et lavis de bistre.

BERTHON

15 — Trois Hommes dans un cabaret, dessin in-8, pour illustration d'un roman de la fin du XVIIIe siècle.

A la plume et lavis d'aquarelle.

BÉRICOURT

16 — Le Triomphe de la République.

Beau dessin à l'aquarelle.

BINET

17 — Le Verrou, — Un Cavalier à genoux, supplie une jeune femme debout, — Une Femme pleure et tient son mouchoir qui lui couvre à moitié le visage, — Jeune Homme, debout dans une plaine.

Quatre dessins à la plume et lavis d'encre de Chine. Ont été gravés par Dambrun et Bovinet pour des romans galants de 1790 à 1802.

BOREL (Antoine)

18 — Bianca Capello.

Charmant petit dessin à la sépia, rehaussé de blanc. Signé et daté 1789.

BOUCHER (F.)

19 — Jeune homme debout, tenant son tricorne. Étude pour le personnage de Philinte, dans le Misanthrope.

Beau dessin à la sanguine.

20 — Jeune Femme debout. Étude du personnage de Philaminte, dans les Femmes savantes.

Beau dessin à la sanguine.

21 — Amours sur des nuages.

Deux jolis dessins de forme ronde, à la plume et encre de Chine, rehaussés d'aquarelle, pour dessus de bonbonnières.

22 — Etude de draperies.

Aux crayons noir et blanc.

CHABRILLAC

23 — Motion de Camille Desmoulins au Palais-Royal, 12 juillet 1789.

A la plume et lavis d'encre de Chine.

CHALLIOU

24 — Quatre compositions in-8, pour illustration de l'abbaye de Grasville. 4 vol in-18 (1798).

A la plume et lavis d'encre de Chine; ont été gravés.

25 — Deux compositions in-12, pour illustration de : Aerundel, 1797. 2 vol. in-12.

A la plume et lavis d'encre de Chine; ont été gravés.

26 — Composition in-12, pour illustration de : Agatha ou la Religieuse anglaise, 1797. 2 vol. in-12.

Joli dessin au lavis d'encre de Chine; il est accompagné de la gravure.

27 — Compositions in-12, pour illustrer un roman intitulé : Charles de Rosenfeld, ou l'Aveugle inconsolable d'avoir cessé de l'être (1796). 3 vol. in-12.

Trois jolis dessins à la plume et lavis d'encre de Chine; ils sont accompagnés des gravures avant la lettre.

28 — Compositions pour illustrer le Château de Duncan. 2 vol. in-12.

Deux dessins à la plume et lavis d'encre de Chine; ont été gravés.

29 — Composition pour illustrer les Contradictions ou tout ce qui peut en arriver. 1 vol. in-12.

Joli dessin à la plume lavé d'encre de Chine; a été gravé.

30 — Figure pour illustrer *la Religieuse*, de Diderot. Paris, Maradan, 1798. 1 vol. in-12.

Joli dessin au lavis d'encre de Chine. A été gravé par Baquoy et est accompagné de la gravure.

31 — Quatre dessins pour illustrer un roman galant, intitulé : Elisa ou Mémoires de la famille Elderland, 1799. 4 vol. in-18.

A la plume et lavis d'encre de Chine; ont été gravés.

32 — Six dessins pour illustrer un roman galant, intitulé : Henry, traduit de l'anglais par Ducos, 1799. 6 vol. in-18.

A la plume et lavis d'encre de Chine; ont été gravés par Dambrun.

33 — Deux dessins pour illustrer la Jeune Sauvage, roman galant de la fin du XVIIIe siècle.

A la plume et lavis d'encre de Chine. Ils sont accompagnés des gravures avant et avec la lettre.

CHALLIOU

34 — Trois dessins pour illustration de 2 romans, intitulés, l'un : *Souvenirs d'Ernest*, l'autre *Stella*, histoire anglaise par Mme de Fleuriau. Paris, an VIII.

A la plume et lavis d'encre de Chine; ont été gravés.

35 — Trois dessins pour illustrer un roman intitulé : Promenades champêtres, décalogue à l'usage des jeunes personnes. 1799. 3 vol. in-12.

A la plume et lavis d'encre de Chine. Ils sont accompagnés des gravures avec la lettre.

36 — Quatre dessins in-12, pour un roman de la fin du XVIIIe siècle.

A la plume et lavis d'encre de Chine.

37 — Trois dessins pour un roman de la fin du XVIIIe siècle.

A la plume et lavis d'encre de Chine.

38 — Quatre dessins pour deux différents romans de la fin du XVIIIe siècle.

A la plume et lavis d'encre de Chine.

CHAMPION

39 — Suite de huit dessins in-12, qui ont été gravés pour illustrer les Œuvres de Berquin en 1828.

A la plume et lavis d'encre de Chine.

CHASSELAT (CHARLES)

40 — Quatre dessins en largeur pour l'histoire de Robinson Crusoé.

A la plume et lavis de bistre. Signés et datés 1827.

41 — Fleuron de titre pour les Odes d'Horace, — Jeune Fille cueillant des fleurs.

Deux dessins in-18, à la sépia.

42 — Un Consul romain, assis, ayant à ses cotés des juges; au fond, les licteurs.

Joli dessin à la plume et lavis d'encre de Chine. Signé.

CHAUDET

43 — Suite complète de dix dessins in-4, pour illustrer l'Ane d'or d'Apulée.

Superbes dessins à la sépia et encre de Chine, rehaussés de blanc. Signés et datés 1795.

CHOQUET

44 — Suite de un portrait et dix-huit sujets exécutés pour illustration des œuvres de Florian. Paris, Briand, 1824. 13 vol. gr. in-8.

Superbes dessins à la plume et à la sépia, rehaussés de blanc. Ils sont signés et datés de 1822.

45 — Neptune au milieu des roseaux, et trois autres dessins in-18, pour illustration de romans du commencement du siècle.

A la plume et lavis d'encre de Chine.

COCHIN (Ch.-N.)

46 — Le Peintre dans son atelier, pour les Contes de La Fontaine (Imitation d'Anacréon).

Charmant dessin à la mine de plomb. Signé et daté 1748.

47 — Le bon Génie, le mauvais Génie, pour l'Almanach iconologique de Gravelot et Cochin, 1777.

Beau dessin à la sanguine. Signé et daté 1776.

48 — La Métaphysique, pour l'Almanach iconologique de Gravelot et Cochin, 1773.

Joli dessin à la plume et lavis d'encre de Chine.

49 — Portrait de C.-H. de Fusée de Voisenon. En buste, la tête de profil, tournée à gauche.

Superbe dessin à la mine de plomb. Signé et daté 1755.

50 — Portrait d'homme, nu-tête, avec perruque, habit à collet, avec jabot de dentelle.

A la mine de plomb.

51 — Les Quatre Évangélistes sur des nuages.

A la plume. Signé.

COLIN (A.)

52 — La Lecture, — La Peinture, — La Géographie. Trois dessins in-18.

Aquarelles.

CRESSOT

53 — Projets de construction pour le théâtre de Caen.

Trois dessins à l'aquarelle, par Cressot, architecte à Paris.

DEBUCOURT (P.-L.), d'après

54 — La Rose mal défendue.

Aquarelle.

DESENNE (A.)

55 — Suite de quatre dessins in-18, pour Paul et Virginie, par Bernardin de Saint-Pierre. Edition Janet.

Charmants dessins à la sépia, rehaussés de blanc.

56 — Portrait de Molière, entouré de onze petites scènes de ses comédies.

Superbe dessin à la mine de plomb. A été gravé par Hue en 1825.

57 — Oui, vous disiez bien vrai, nous sommes des fripons. Dessin in-8, ayant été gravé pour illustrer les œuvres d'Andrieux. Paris, Nepveu, 1818.

A l'encre de Chine et aquarelle. Il est accompagné de la gravure.

58 — Portrait de *Paul Scarron*. In-8.

A la sépia rehaussé de blanc. Il est accompagné de la gravure, par Bertonnier, avant la lettre.

59 — Encadrement pour les vignettes des Contes de La Fontaine.

A la plume et crayon noir. A été gravé.

60 — Portrait de Mlle de La Fayette, en buste, dans un petit ovale.

A la sépia. Est accompagné de la gravure par Leroux.

61 — Pandore, — Clytie, — Erigone. Trois dessins fleurons de titres pour les lettres à Emilie sur la Mythologie, et un autre livre in-32.

A la sépia; ont été gravés.

DESENNE (A.)

62 — Un Chartreux devant une tombe, baisse la tête en voyant une femme qui passe devant lui. Pour les Lettres d'un Chartreux. Paris, Mongie, 1820.

A la sépia, rehaussé de blanc; a été gravé.

63 — Caïn et Abel offrant des présents au Seigneur. In-8.

A la plume et sépia. Signé. A été gravé.

64 — Petit Amour dans les airs, gravé sur le titre des Mois de Roucher, — Un Guerrier priant devant un mausolée, — Un Jeune homme debout, en méditation devant une femme assise, — Un Jeune berger écrivant sur le tronc d'un arbre, — La Barque de Caron, — Encadrement pour les fables de La Fontaine.

Six dessins au lavis de bistre; plusieurs ont été gravés.

65 — Tobie rend la vue à son père, — Tobie chez Raguel. Deux dessins en largeur pour Tobie, par Florian.

66 — Le Zéphyr, d'après Prud'hon.

A la sépia. In-12.

DESMAISONS.

67 — Une Figure in-8, pour illustrer les Nouvelles francaises de d'Ussieux.

A la plume et sépia. A été gravé par Mlle Ponce.

DESRAIS

68 — Couronnement de Voltaire.

Superbe dessin au lavis d'encre de Chine, rehaussé de blanc. A été gravé par Dupin.

69 — Buste de La Fontaine, couronné par les Amours, pour une édition des Fables. In-8.

A la plume et lavis d'encre de Chine.

70 — Pyrame et Thisbé.

Beau dessin de forme ovale, à la plume et lavis de bistre.

DESRAIS (attribué à)

71 — Suite de quarante-cinq dessins de la fin du XVIIIe siècle, pour illustration des fables de La Fontaine ou Florian.

A la plume et lavis d'encre de Chine.

DEVERIA

72 — Charles IX, dans la nuit de la Saint-Barthélemy, tire sur les protestants d'une fenêtre du Louvre ; au bas, le massacre des huguenots, — Procession de la Ligue.

Deux dessins à la plume et sépia, rehaussés de blanc. Ont été gravés pour la Satyre Menippée.

73 — Jésus au jardin des Oliviers.

Au lavis de sépia, rehaussé de blanc. A été gravé dans la Bible. Paris, Lefèvre, 1828.

74 — Frontispice des classiques italiens. In-8. — Encadrement pour le frontispice du calendrier Dauphin, 1820, édité par Lefuel.

Deux dessins à la plume et sépia.

75 — Dernière communion de la reine Marie Antoinette, 16 octobre 1793. In-8.

A la plume et sépia, rehaussé de blanc. A été gravé.

76 — La Lecture, — Portrait d'Erasme de Rotterdam, — Portrait d'André Alciat.

Trois dessins à la plume.

77 — Un Jeune homme et une femme sur un rocher, — Un homme sur un lit, surpris par la mort.

Deux dessins à la plume et sépia, rehaussés de blanc.

78 — Un Jeune page découvre le voile d'une jeune fille endormie. Fleuron de titre pour un livre in-12.

A la plume et sépia.

79 — Costumes français. Rois et Reines, Guerriers célèbres et Princes de l'Eglise.

Vingt-trois dessins au lavis de bistre, rehaussés de blanc, en 1 vol. gr. in-8 obl., mar. vert. Plusieurs de ces dessins ont été gravés.

DEVERIA (attribué à)

80 — Suite de huit dessins pour les Mille et une Nuits. In-8.

A la plume et sépia.

81 — Baptême de Clovis, — Les Bourgeois de Calais présentant les clefs à Edouard d'Angleterre, — Saint Louis combattant.

Trois dessins à la plume et lavis de bistre, rehaussés de blanc.

DUGOURE

82 — Frontispice pour les fables de La Fontaine, édition Nepveu.

A la plume et sépia, rehaussé de blanc.

83 — Le Chevalier et la Paysanne.

Joli dessin à la plume et sépia. Signé et daté 1816. In-8.

84 — Suite de 4 dessins en tête de pages, pour Télémaque.

A la plume et lavis de bistre; ont été gravés.

DUPLESSIS-BERTAUX

85 — *Suites de quarante dessins en tête de pages, pour illustration des Contes de La Fontaine et les Petits Conteurs. Edition Cazin.*

Ces dessins, de la plus grande finesse, sont exécutés à la mine de plomb, sur vélin, et renfermés dans un vol. grand in-8 oblong.

86 — Portraits en buste ou en pied, d'acteurs représentés dans leurs différents rôles :

Baptiste aîné, — Dazincourt, — Mlle Devienne, — Dugazon, — Dugazon et Lacave, — Autre de Dugazon. — Grandmesnil, — Marchand, — Monvel, — Préville, — Saint-Phal, — Saint-Phal et Mlle Mars, — Talma, — Le marquis de Ximenès, etc.

Belle série de dessins exécutés à la mine de plomb. En grande partie signés et datés.

87 — Rozière, acteur du Vaudeville, en pied, — Michot, dans la Brouette du Vinaigrier.

Deux beaux dessins à la mine de plomb. Signés et datés 1786 et 1793.

DUPLESSIS-BERTAUX

88 — Mort de Condorcet, empoisonné dans sa cellule, 6 avril 1794.

Superbe dessin à la mine de plomb. A été gravé dans les Tableaux de la Révolution.

89 — Entrée des troupes françaises à Rome.

Beau dessin à l'encre de Chine. A été gravé dans les Tableaux de la Révolution.

90 — Défilé des troupes françaises dans Rome.

Beau dessin au lavis d'encre de Chine. A été gravé dans les Tableaux de la Révolution.

91 — Une Revue ; dans le fond, une forteresse.

Grand et beau dessin à la plume. Signé et daté de 1813.

DURAND

92 — Suite de 6 dessins de la plus grande finesse, pour illustrer l'Aristenète français, ou recueil de Folies amoureuses, de Félix Nogaret.

A la plume et encre de Chine.

ÉCOLE FRANÇAISE DU XVIIIe SIÈCLE

93 — Portraits, titres et sujets religieux, paysage.

Huit dessins à la plume, encre de Chine, lavis de bistre et aquarelle.

EISEN (Ch.)

94 — Enée, après le sac de Troie, s'enfuit portant sur ses épaules son père Anchise.

Dessin in-8 à la plume et lavis d'encre de Chine.

95 — Deux titres frontispices pour état des troupes et des états-majors des places. Années 1777-1778. In-12.

Aquarelles. Signées et datées 1777 et 1778.

FRAGONARD (H.)

96 — Compositions pour l'illustration projetée d'une édition de Roland furieux, qui devait être semblable à celle des Contes de La Fontaine, ornée de gravures d'après cet artiste.

Cinq beaux dessins à la sépia, de format in-fol. Pourront être vendus séparément.

FRAGONARD (H.)

97 — La Fiancée du roi de Garbe, pour les Contes de La Fontaine. 2 vol. in-4, 1795.

Au crayon noir.

98 — Les Femmes et le Secret (pour les Fables de La Fontaine).

Superbe dessin à la sépia, rehaussé de blanc. Collection Walferdin.

FRAGONARD (A.)

99 — Un Mignon soutient dans ses bras Henri III, qui vient d'être blessé à mort dans son palais.

A la sépia.

FRANCIA (A.-F.)

100 — Village au bord d'une rivière.

Aquarelle.

FRILLEY

101 — Béranger, assis dans un jardin, sur un banc, les jambes croisées et tenant un bout de papier à la main.

Au crayon noir et encre de Chine, rehaussé de blanc. Il est accompagné de la gravure avant la lettre.

GEOFFROY (Ch.)

102 — Portrait de Bouffé.

A la mine de plomb. Signé et daté 1833.

GÉRARD (le baron F.)

103 — Psyché abandonnée, — Adonis. Deux dessins in-4 pour les Amours de Psyché et de Cupidon, suivies d'Adonis, poème par Jean de La Fontaine. In-4, 1797.

Superbes dessins à la sépia et encre de Chine. Ont été gravés.

104 — Meliboeus. — Eglogue VII, dessin in-4 pour les œuvres de Virgile. Paris, Didot, 1798. 1 vol.

Beau dessin à l'encre de Chine et sépia. Il est accompagné de la gravure.

GIRODET (A.-L.)

105 — Guerrier endormi, la tête appuyée sur les genoux d'une jeune femme jouant de la lyre.

Beau dessin au fusain, rehaussé de blanc.

106 — Paris et la Victoire.

Beau dessin au fusain, rehaussé de blanc. A été lithographié.

GRANDVILLE

107 — Des hommes, avec un œil pour tête, admirent une jeune femme assise dans une tribune.

A la plume.

108 — Une Tragédienne épaisse et carrée.

A la plume et lavis d'encre de Chine, rehaussé de blanc. Signé.

109 — Le Savant (scène de la vie privée des animaux).

Beau dessin à la plume. Signé.

110 — Patineur tombant sur la glace, — Le Bain froid.

Deux dessins à la plume.

111 — Le Cuisinier juste-milieu.

Beau dessin à la plume. Provient de la vente de l'artiste.

112 — La Causerie des Bonnes.

A la plume, avec le timbre de la vente de l'artiste.

113 — Petites Misères (une cravate trop empesée).

A la plume. Provenant de la vente de Grandville.

114 — Vie privée des animaux.

Trois dessins à la plume.

115 — Pierre qui roule n'amasse pas de mousse, — Chaque oiseau trouve son nid beau. (Proverbes.)

Deux dessins à la plume.

116 — Quand on a des filles, on est toujours berger, — Bon fait voler bas à cause des branches.

Deux dessins à la plume. Provenant de la vente de Grandville.

117 — Vie privée des animaux, gravé dans le tome II, page 32.

A la plume. Provenant de la vente de l'artiste.

GRANDVILLE

118 — Vie privée des animaux, sujet gravé tome Ier, page 31.
A la plume. Provient de la vente de Grandville.

119 — Scène de la vie privée des animaux, tome II, page 24. (On trouve un cours complet sur les merveilles.)
A la plume.

120 — Le Perroquet.
A la plume.

121 — Entre Barbiers, l'un rase l'autre.
A la plume.

122 — La Danse des chiens.
Beau dessin au crayon noir et mine de plomb.

123 — Histoire d'un Merle blanc; son mariage.
Beau dessin à la plume. Signé.

124 — Suite de dix dessins pour illustration de Gulliver.
A la plume. Provenant de la vente de l'artiste.

125 — Le Phrinologiste.
Au crayon noir. A été gravé pour Jérôme Paturot.

126 — Le Champagne.
A la plume. Provient de la vente de l'artiste.

127 — Les Fournisseurs, cordonnier, modiste.
A la plume. Provient de la vente de l'artiste.

128 — Enseigne : A la Bonne femme.
A la plume. Provient de la vente de l'artiste.

GRAVELOT (H.)

129 — Un Fleuron pour les œuvres du Tasse. A la plume et sepia, — Un Jeune seigneur, assis, remet une bourse à un homme qui le sollicite. A la plume. Deux dessins.

130 — L'Intelligence, pour l'Almanach iconologique, 1773.
Joli dessin à la plume et sépia, rehaussé de blanc. (Gravé par Massard.)

GRAVELOT (H.)

131 — Jeune Femme dans un lit; un jeune homme, à genoux, lui tient la main; vers la droite, un homme écoute leur conversation.

A la plume et lavis d'encre de Chine.

132 — Etudes et croquis. Sept dessins.

A la plume et crayon noir.

GRAVELOT ET MONNET

133 — La Paix et l'Agriculture, — Seigneur du temps de Louis XIV, rendant visite à Mlle de Lavallière dans un couvent. — Composition pour Candide, de Voltaire.

Trois dessins à la sanguine, à l'encre de Chine et au bistre.

GRAVELOT (H.)?

134 — *Suite de 20 dessins grand in-4, pour illustrer le poème de la Pucelle de Voltaire.*

Superbes dessins au lavis d'encre de Chine, reliés en un vol. in-4, veau.

GUÉRIN

135 — L'Amour, avec son flambeau, active la marche d'une tortue, chargée des attributs de la Peinture.

Aquarelle.

HILAIRE (J.-B.)

136 — Vue prise au bord de la mer Noire.

Aquarelle.

137 — Vue des Premiers châteaux situés à Cavac, en Asie, à l'embouchure de la mer Noire.

Beau dessin à la sépia.

138 — Situation du village de Thérapia, sur le canal de la mer Noire.

Beau dessin à la sépia.

139 — Vue de la prairie de Zuyukdine, à l'embouchure de la mer Noire.

Beau dessin à la sépia.

HILAIRE (J.-B,)

140 — Chef Mahométan, — Sultan en pied, tenant une carte à la main.

Deux dessins à la sépia. Ont été gravés, ainsi que les précédents du même auteur, dans le Voyage pittoresque de la Grèce, par le comte de Choiseul-Gouffier.

HUET (J.-B.)

141 — Vénus et l'Amour.

Jolie petite gouache.

JENNISSON (la comtesse de)

142 — Deux dessins in-8 pour illustrer Herman d'Una, ou Aventure arrivée au commencement du XVIe siècle, au temps du tribunal secret. 2 vol. in-12, 1801.

A l'aquarelle. Ils sont accompagnés des gravures avant la lettre.

JOHANNOT (T.)

143 — Suite complète de quatre dessins in-8, pour illustration des œuvres de Beaumarchais. Paris, Furne, 1828. On a ajouté à la suite un dessin de Tony Johannot, pour le Mariage de Figaro, tout différent de la composition gravée.

Cinq dessins à la sépia, rehaussés de blanc.

144 — Suite de cinq dessins in-8, qui ont été gravés pour illustrer les œuvres de Cooper.

Beaux dessins à la mine de plomb et crayon noir.

145 — Mme de La Tour lisant un livre. Dessin pour Paul et Virginie, par Bernardin de Saint-Pierre.

Au crayon noir et mine de plomb.

146 — Esmeralda délivrée par Phœbus de Châteaupers. Pour Notre-Dame de Paris, de V. Hugo.

A la mine de plomb.

147 — Anne de Bretagne et le duc d'Orléans. Composition en largeur.

A la mine de plomb.

JOHANNOT (T.)

148 — Composition in-8, pour le Génie du christianisme, de Chateaubriand.

Aquarelle.

149 — George Dandin, sujet pour Molière.

A la mine de plomb. N'a pas été gravé.

150 — Quatre compositions pour illustrer Jocelyn, par de Lamartine, — Page et Châtelaine, etc.

Six dessins au lavis de bistre et mine de plomb.

151 — Deux dessins, l'un pour André, par George Sand, l'autre pour le Concert à la Cour, de Scribe.

A la mine de plomb, au crayon noir et encre de Chine. Ont été gravés.

152 — Ivanhoé. — Charles le Téméraire, — La Fiancée de Lamermoor, — Une Tempête.

Quatre dessins à l'aquarelle et mine de plomb, pour les Œuvres de Walter Scott.

153 — Baden Postillon, and inkeepeer, — Paysan et Paysanne badois.

Deux belles aquarelles, qui ont été gravées en couleur dans le livre de J. Janin : l'Été à Bade.

154 — Jeune fille couchée sur un lit; à côté, une jeune fille assise dans un fauteuil, joue de la harpe.

Beau dessin à la mine de plomb.

155 — Moines dans leur cellule, dont l'un assis dans un fauteuil et l'autre à genoux.

A la plume et encre de Chine.

156 — Une sainte invoquant le Seigneur.

Aquarelle.

157 — Jeune fille dans un bois, — Femme nue assise, — La Vierge et l'Enfant Jésus, — Femme assise, nue, un bonnet sur la tête.

Quatre dessins au crayon noir et mine de plomb.

158 — Echange de la fille de Louis XVI, — Intérieur d'un Comité révolutionnaire.

Deux dessins à la mine de plomb, qui ont été gravés dans l'Histoire de la Révolution française par A. Thiers, publiée chez Furne.

JOHANNOT (T.)

159 — Portraits de l'abbé Prevost, représenté en pied et assis dans un fauteuil.

Deux dessins à la sépia, rehaussés de blanc.

JOHANNOT (A.)

160 — Aman aux pieds d'Esther (sujet pour la Sainte Bible).

A la mine de plomb et sépia, rehaussés de blanc. En bas une légende écrite par l'artiste.

JOLY

161 — Portrait en pied de Mme Alexandrine Saint-Aubin, de l'Opéra-Comique, — Portrait de Joly, acteur du Vaudeville.

Deux dessins à l'aquarelle.

LACAUCHIE (Alexandre)

162 — Portraits en pied de Mme Desmousseaux, — Mlle Julienne, du théâtre du Gymnase, — Laurent, de la Porte Saint-Martin, de Mlle Mante, du Théâtre-Français, — de Mlle Rose Chéri, du théâtre du Gymnase.

Cinq beaux dessins à la mine de plomb. Un est daté de 1841.

LAFITTE (Louis)

163 — Un dessin pour illustration, de The Monk. vol. 3, p. 19.

A la plume et lavis de sépia. Il est accompagné de la gravure.

164 — Apothéose du duc de Bordeaux, pour une médaille commémorative de la naissance du comte de Chambord. — Aminta, pour le Tasse.

Deux dessins, un à la plume et l'autre au lavis de sépia, rehaussé de blanc.

DE LA RUE

165 — Scènes d'intérieur et militaires, pour illustration d'un livre du XVIIIe siècle.

Cinq beaux dessins à la plume et lavis de bistre.

166 — Intérieur d'une ferme avec des militaires, — Nymphes dansant autour d'un faune.

Deux dessins à la plume et lavis d'encre de Chine et sépia.

LEBARBIER

167 — Cincinnatus.

Joli dessin au lavis de bistre, rehaussé de blanc.

LE JEUNE

168 — Une Procession avec la châsse d'un saint, — Autre procession.

Deux jolis dessins à l'encre de Chine, rehaussés de blanc, sur papier bleu. Ces dessins ont été gravés.

LEMUD (A. DE)

169 — La Bonne vieille, dessin gravé par Pelée, pour illustration des chansons de Béranger, Paris, Perrotin, 1847. 2 vol. in-8.

Superbe dessin au lavis de sépia, Signé.

LÉPICIÉ

170 — Jeune homme en buste, écrivant.

Aux crayons noir et blanc.

LEROY (SÉBASTIEN)

171 — Jeune homme assis sur une pierre, devant une fontaine, — Fleuron pour le Soupir des Muses, — Le Magicien sans magie, opéra-comique, — Fleuron pour les poésies de Mme de Surville.

Quatre dessins à la sépia. Signés et datés. Ces dessins ont été gravés.

172 — François Ier et la Joconde, d'après Menjaud.

Charmant dessin au lavis de sépia, rehaussé de blanc. A été gravé.

173 — Suite de trois dessins pour illustrer Joconde, opéra-comique.

A la sépia. Signés et datés 1815.

174 — Portrait en pied de l'acteur Potier, rôle de Blouse dans les Blouses. — L'Amour et Minerve dans une barque.

Deux dessins à la sépia. Signés, un est daté de 1822.

175 — Suite de dix dessins in-18, pour illustration de différents ouvrages.

A la plume et sépia. Signés et datés de 1814 à 1818.

LEVILLY

176 — Suite de six petits dessins, sur une même feuille in-4, pour Paul et Virginie.

Au bistre. Signés et datés 1822.

LORSAY (Eustache)

177 — Portraits de Mme Désirée, du théâtre du Gymnase, — Aline Duval, du théâtre du Palais-Royal, — Mme Flore, du théâtre des Variétés, — Hyacinthe, du théâtre du Palais-Royal. — Klein, du théâtre du Gymnase, — Lepeintre jeune, du théâtre du Vaudeville. — Sainville, du théâtre du Palais-Royal, Mlle Savoie, du théâtre de l'Opéra-Comique, représentés en pied.

Huit beaux dessins à la mine de plomb. Signés et datés de 1846 à 1850.

MALLET ?

178 — La Lecture, — Le Marché conclu. Deux très élégantes compositions de trois figures chacune.

Gouaches.

MALPERTUY (P.)

179 — Portraits des poètes désignés ci-après : Assoucy (Ch. Coypeau), — Boileau, — Buffon, — Descamps, — Corneille, — Delavigne, — Gozlan, — Labruyère. — Racine, — Regnard. — Ronsard, — Rousseau, — Scarron, — A. de Vigny.

Quatorze dessins à la plume, lavis d'encre de Chine. Signés.

MALVIEUX

180 — Me voilà abandonnée pour Miranda. Histoire romaine.

A la plume et lavis d'encre de Chine. Signé et daté 1789.

MARBOT (Alfred de)

181 — Armée française faisant halte en Algérie.

Aquarelle.

MARCKL (L.)

182 — Suite de onze dessins, fleurons et figures, pour illustrer les œuvres de Cooper.

Beaux dessins à l'aquarelle. Signés.

MARILLIER

183 — Le Transport du Christ au tombeau.

Beau et grand dessin à la plume et lavis de sépia. Signé et daté de 1790.

184 — Judith apportant à Béthulie la tête d'Holopherne.

Joli dessin à la sépia. A été gravé par Ponce en 1772, pour en-tête d'un poème en vers. Il est accompagné de la gravure avant le texte, au verso.

185 — Dessin pour Volsidor et Zulménie, conte pour rire, par Mme la comtesse de Beauharnais, 1776.

Superbe dessin à la plume et lavis de sépia. Signé et daté 1776. A été gravé par de Ghendt.

186 — Dans un riche intérieur, un jeune gentilhomme tenant par le bras une jeune fille. A sa vue, un petit maître assis à gauche se cache le visage. Composition de cinq figures.

Superbe dessin à la plume et lavis de sépia, rehaussé de blanc.

187 — Un homme debout, tenant une femme par le milieu du corps, regarde le ciel.

A la plume et lavis d'encre de Chine. A été gravé.

188 — Un pêcheur assis, tenant une ligne à la main, et une jeune fille appuyée sur ses genoux.

Joli dessin à la plume et à l'encre de Chine. A été gravé.

189 — Dessin in-18, pour illustrer les Amours d'Ismène et d'Ismenias. Edition Cazin, 1782.

Joli dessin au crayon noir et mine de plomb. A été gravé par de Launay.

190 — Dessin in-18, pour les Amours de Théogène et Chariclée. Edition Cazin, 1782.

Au crayon noir et mine de plomb.

191 — Encadrement pour le portrait du maréchal de Brissac.

Beau dessin à l'encre de Chine, rehaussé de blanc. Signé.

MARTINET et MASSON

192 — Suite de 72 dessins relatifs à l'Histoire de France, depuis les temps les plus reculés jusqu'à 1715. Revue de la Maison du Roi.

Superbes dessins à la plume et lavis de sépia et mine de plomb.

MARTINET, MASSON, LAFOSSE et ROLAND

193 — Suite de cent quarante-cinq dessins relatifs à l'Histoire de France, depuis la Révolution jusqu'à la fin de l'Empire.

Superbes dessins à la plume et lavis de bistre. Font suite aux sujets indiqués au n° précédent. Ces dessins ont été gravés en 1830.

MARTINI

194 — Composition de trois figures pour illustrer les Nouvelles Françaises de d'Ussieux, 1778.

Beau dessin à la plume et lavis de bistre, rehaussé de blanc. A été gravé par Gaucher.

MASSIEU

195 — En-tête de page pour le conte : « Point de lendemain », par Vivant Denon. Paris, Leclère, 1860.

Au bistre et à la mine de plomb.

MOITTE

196 — Constitution française.

Beau dessin en forme de frise, contenant un grand nombre de figures. A la plume et lavis de bistre, rehaussé de blanc. Signé et daté.

MONNET (Ch.)

197 — Offrande d'un sacrifice au dieu Peroun ou Perkoun, divinité slave.

Au lavis d'encre de Chine. Signé. A été gravé par David, pour une histoire de Russie.

198 — Jean Jacques Rousseau herborisant.

Au lavis de sépia.

MONNET (Ch.)

199 — Cyrus donne la liberté aux Juifs, — Romulus fonde la ville de Rome, — Vocation d'Abraham, — La Tour de Babel, — Salomon célèbre la dédicace du Temple.

Quatre dessins à la plume et lavis d'aquarelle. Signés. Ils sont accompagnés des gravures à la sanguine, par David.

200 — Salomon recevant la reine de Saba, — La fille de Jephté allant au-devant de son père, — Un prophète environné de flammes, — Judith mettant la tête d'Holopherne dans un sac.

Quatre dessins à la plume et lavis d'encre de Chine. Signés. Ils ont été gravés.

201 — Deux dessins relatifs à l'Histoire de France. In-8.

A la plume et lavis d'encre de Chine. Signés.

202 — Jeune Homme assis dans un fauteuil, vient de se suicider, une jeune Femme arrive à son secours. In-12.

Au lavis d'encre de Chine, rehaussé de blanc.

203 — Télémaque ouvre son cœur à Mentor sur son inclination pour Antiope.

A la plume et sépia. A été gravé par Tillard, pour la suite des Aventures de Télémaque.

203 *bis* — Dessin in-4, composition de trois figures, pour illustrer les œuvres de Fénelon.

Au lavis d'encre de Chine.

MONNIER (Henri)

204 — Portrait de Bernard-Léon, célèbre acteur.

A la mine de plomb. Signé et daté, 7 janvier 1847. Avec le cachet de la vente H. Monnier.

205 — Portrait charge de Albert Grisar.

A la mine de plomb. Signé et daté de Bruxelles, 27 mars 1833.

206 — Rapport du Garde champêtre.

A la plume et encre de Chine.

207 — Un Officier de marine, représenté debout.

A l'aquarelle. Provient de la vente Henri Monnier.

208 — La Folle. Dessin in-8.

A la plume et aquarelle. Signé : H. Monnier à son ami Girard, Brux. Décembre 1832.

MOREAU (J.-M.), le jeune

209 — *L'Amour enchaîné par les Grâces.*

Superbe dessin à l'encre de Chine, rehaussé de blanc. Signé et daté de 1767. A été gravé par Massard pour les Grâces, par Meunier de Querlon, 1769.

210 — *Une scène de Mithridate où Mlle Raucour est représentée dans le rôle de Monime.*

Superbe dessin au bistre, rehaussé de blanc. A été gravé par Lingée dans un cartouche terminant l'encadrement du portrait in-fol. de Mlle Raucourt.

211 — L'Orphelin anglais. Composition de trois figures.

Beau dessin à l'encre de Chine. Signé et daté 1769. A été gravé par de Longueil, pour l'Orphelin anglais, drame en trois actes, 1769.

212 — Jules César. Dessin de forme ronde dans un encadrement.

Beau dessin à la sépia. Signé et daté de 1784. A été gravé par N. Lemire, pour les œuvres dramatiques de Shakespeare.

213 — Il Morgante Maggiore. Londres, 1768. 1 vol. in-12. Dessin du titre de ce livre.

A la plume et sépia, rehaussé de blanc. A été gravé par Moreau lui-même.

214 — Jeune Femme assise, tenant un livre et chantant.

Beau dessin au crayon noir, sur papier bleu.

215 — Combat sur un navire de guerre.

Beau dessin à la plume et lavis de sépia. Signé et daté de 1798.

216 — Coiffures grecques de Constantinople. Deux figures sur une même feuille.

Aquarelle. Signé.

217 — Trois costumes de théâtre xve siècle, sur une même feuille.

Au lavis d'encre de Chine.

218 — Costumes d'acteurs dans des rôles d'opéras.

Deux beaux dessins à la plume et aquarelle. Signés et datés 1784. Ces deux dessins et les précédents proviennent de la vente Bruzard.

MOREAU (J.-M.), le jeune

219 — Costumes d'acteur et d'actrice, représentés dans un rôle d'opéra, sur une même feuille.

Beau dessin à l'aquraelle.

220 — Costume d'acteur en pied, dans un rôle d'opéra.

A l'encre de Chine et aquarelle. Signé et daté 1784.

221 — Étude d'homme, pour l'une des compositions de Moreau, pour la Nouvelle Héloïse de Rousseau. Édition in-4.

Au crayon noir et sanguine, rehaussé de blanc.

222 — Carnet de poche, renfermant un grand nombre de croquis à la mine de plomb. En 1 vol. in-8, veau marbre sur le plat du vol. On lit : M. Moreau le jeune, 1785.

NONANTEUIL

223 — Atala, d'après Girodet.

Beau dessin de graveur pour le concours décennal.

PRUD'HON (P.-P.)

224 — Daphnis cherchant une Cigale.

Beau dessin au crayon noir, rehaussé de blanc, sur papier bleu. A été gravé par Roger, dans l'édition grand in-4, de Daphnis et Chloé, de Didot.

RAFFET

225 — Cactus fait ses Adieux à don Lopez. (Pour les œuvres de Châteaubriand.)

Beau dessin à l'aquarelle. Signé. Il est accompagné de la gravure de Fauchery avant la lettre, en trois états.

226 — Le duc de Beaufort, représenté en pied.

A l'encre de Chine et bistre, rehaussé de blanc. A été gravé dans l'Histoire de la marine française, par Eugène Sue.

RAFFET, DEVERIA ET S. LEROY

227 — Bonaparte en Égypte, — Un Arabe à cheval, — Fleuron pour titre de livre.

Trois dessins à l'aquarelle, mine de plomb et lavis de bistre.

RANSONNETTE (N.)

228 — Deux scènes d'exécutions capitales. Pour illustration d'un livre du XVIIIe siècle.

Aux lavis d'encre de Chine. Ont été gravés.

229 — Portraits et sujets pour illustration.

Trois dessins à la plume et lavis de bistre et encre de Chine. Ont été gravés.

SAINT-NON

230 — Bas-reliefs, statues et vases.

Quinze dessins à la plume et lavis d'encre de Chine, et à la mine de plomb. La plupart ont été gravés.

SAINT-AUBIN (Aug. de)

231 — Portrait du duc de Mancini-Nivernais, représenté en buste dans un médaillon, tourné à droite.

Beau dessin aux trois crayons. A été gravé par le même artiste.

232 — Études de têtes et croquis divers. Vingt sujets sur une même feuille.

A la mine de plomb.

SAINT-AUBIN (Gabriel de)

233 — Les Filles du monde sont rasées et envoyées à l'hôpital.

Beau dessin au crayon noir, portant le monogramme de l'artiste et la date de 1770.

234 — La Malice des médecins.

Curieux dessin au crayon noir et mine de plomb.

SCHUTZ (C.)

235 — Agamemnon et Clytemnestre.

A la plume, lavé d'encre de Chine. Signé.

SÈVE (Jacques de)

236 — En-têtes de chapitres, des Singes et des Amphibies, des œuvres de Buffon.

Deux dessins à la plume et lavis d'encre de Chine. Ont été gravés par J. Le Roy.

SIEURAC (C.-B.)

237 — Une Clairière dans un bois, — Tête de jeune femme.

Deux dessins au crayon noir et mine de plomb.

STAAL (G.)

238 — Suite de dix-neuf dessins in-8, pour illustration des œuvres de Châteaubriand.

A la mine de plomb. Signés. Ces dessins ont été gravés.

STAAL

239 — Saint Louis en prière devant une statue de la sainte Vierge.

A la mine de plomb. A été gravé.

THOMAS (Ant. J.-B.)

240 — Portrait de Chenard du théâtre de l'Opéra-Comique. A la sépia et crayon noir, — Potier et Gavaudan du théâtre des Variétés. (Dans les Blouses.)

A la plume et aquarelle. Ont été gravés.

TOURCATY (J.-F.)

241 — Intérieur d'un théâtre.

Dessin in-8, au lavis d'encre de Chine. Signé et daté 1811. A été gravé pour une Histoire des théâtres.

TRINQUESSE (L.)

242 — Son portrait, par lui-même.

Beau dessin à la sanguine, de forme ronde. Signé et daté 16 décembre 1797.

TRIMOLET

243 — Suite de vingt-huit dessins inédits à la mine de plomb, pour illustration des romans du Capitaine Marryan.

A ces dessins sont ajoutés deux portraits gravés du Capitaine. Le tout en 1 vol. in-4, demi-rel. mar. vert.

VAUTHIER

244 — Diane, d'après cette statue en marbre de Paros.

A la sépia. A été gravé par Heine, pour la Galerie du musée Napoléon.

VERNET (Carle)

245 — République Française, constitution de l'an III. Congé absolu délivré au citoyen. Composition avec sujets guerriers.

Beau dessin à la sépia. A été gravé par Godefroy, pour servir de livret de Congé absolu en l'an III (1795).

VERNET (H.)

246 — Le Billet de logement. Un jeune homme et une jeune fille à la porte d'une chaumière reçoivent deux cavaliers.

Beau dessin à la plume et lavis de bistre.

247 — La Bouquetière et le Croquemort.

Au crayon noir.

WHIRSKER

248 — Suite de trente-trois petites aquarelles sur vélin, représentant les principaux comédiens comiques et tragiques de la seconde moitié du XVIIIe siècle, dont les noms suivent :

Mme Favart, — Laruette, — Legros, — Le Kain, — Mlle Clairon, — Armand, — Dauberval, — Dubus-Préville, — Armand, — Préville, — Bonneval, — Bouret, — Bellecourt, — Mlle Bérard, — Nainville et Laruette, — Caillot, — Mlle Deschamps, — Molé, — Mme Trial et Mme Laruette, — Aufresne, — Mlle Dumesnil.

Précieuse collection pour l'Histoire du théâtre au XVIIIe siècle. Ont été gravés.

DESSINS

249 — Sous ce numéro il sera vendu par lots ; un grand nombre de dessins de l'École Française des XVIII et XIXe siècles. Compositions pour illustration de livres et autres.

SUITES DE VIGNETTES

CLASSÉES D'APRÈS LES NOMS D'AUTEURS, DONT ELLES SERVENT A ILLUSTRER LES ŒUVRES

ALGAROTTI

250 — Vignette-frontispice d'après Monnet, gravée par Demonchy, pour l'Amour-Juge ou le Congrès de Cythère. Deux épreuves, dont une avant toutes les lettres à l'état d'eau-forte et la seconde avec le titre en lettres tracées. Grandes marges.

ALMANACHS

251 — Suite de treize vignettes in-18, d'après Queverdo, pour almanach du XVIIIe siècle. Très rares épreuves avant toutes lettres, à l'état d'eau-forte, imprimées à deux sur une même feuille.

252 — Suite de treize vignettes in-18, d'après le même artiste, pour un almanach de poche de la même époque. Superbes épreuves avant la lettre, imprimées à deux sur une même feuille. Deux pièces sont doubles à l'état d'eau-forte.

253 — Deux suites de treize vignettes in-18, d'après Queverdo, pour almanachs de poche, publiées en l'an X. Superbes épreuves avant la lettre. Vingt-six pièces, dont vingt-quatre imprimées à deux sur une même feuille.

254 — Treize vignettes in-18, pour almanach Galant, dans le genre de Desrais. Suite composée d'épreuves à l'eau-forte et terminées avant la lettre; deux sont doubles.

255 — Suite de dix vignettes in-18, d'après Queverdo, pour almanach de la fin du XVIIIe siècle. Très belles épreuves avant la lettre.

256 — Huit vignettes in-18, pour almanach de la même époque. Très rares épreuves à l'état d'eau-forte.

ALMANACHS

257 — Suite de douze vignettes in-18, d'après Queverdo, pour l'almanach des jeux de l'enfance, XVIIIe siècle. Très belles épreuves avant la lettre.

258 — Vingt et une vignettes in-18, tirées de divers almanachs de la fin du XVIIIe siècle. Épreuves avant la lettre.

ANACRÉON, SAPHO, BION ET MOSCUS

259 — Trois vignettes en-tête et huit culs-de-lampe, d'après Eisen, gravés par Massard. Paris, 1772. Très rares épreuves tirées hors texte, avant la lettre, remargées.

260 — La Mort d'Adonis. — Europe. — Horace. Trois vignettes en-tête et culs-de-lampe pour le même livre, gravées par Massard. Superbes épreuves avant la lettre, de format grand in-8. Toutes marges.

261 — La Mort d'Adonis, double de la première pièce du numéro précédent. Épreuve avant la lettre, remargée.

262 — Suite complète de quatre gravures in-8, d'après Girodet et Bouillon, pour les Odes, traduites en vers par J.-B. de Saint-Victor. Très belles et rares épreuves avant la lettre. Marges.

ANDRIEUX

263 — Suite complète de quatre gravures in-8, d'après Desenne, pour les Œuvres. Paris, Neveu, 1818, 4 vol. in-8. Épreuves avant la lettre, non rognées.

ARIOSTE

264 — Vingt-neuf gravures in-8, d'après Cipriani, Cochin, Eisen, Greuze, Monnet et Moreau, par divers graveurs, pour Orlando furioso... Birmingham, Baskerville, 1773, 4 vol. grand in-8. Superbes et très rares épreuves avant la lettre, avec les coquilles dans le haut de la gravure. Deux pièces gravées par Bartolozzi, n'existant pas avant la lettre, se trouvent ici avec la lettre.

265 — Vingt-quatre pièces de la suite précédente. Très belles épreuves avec l'indication du chant dans le haut et avec les coquilles supprimées. Marges.

ARIOSTE

266 — Deux pièces de la même suite. Très belles et rares épreuves à l'état d'eau-forte. Grandes marges.

267 — Suite complète de quarante-six gravures dessinées par Cochin, gravées par De Launay, Lingée et Ponce, pour Roland furieux. Paris, Brunet, 1775, 1782. 4 vol. in-8. Très belles épreuves avant la lettre, avec les cadres, tirées de format in-4, non rognées.

268 — Douze pièces de la suite précédente. Très belles épreuves en partie avant la lettre, avec les cadres.

269 — Trois pièces de la même suite. Très rares épreuves à l'état d'eau-forte, dont deux avec grandes marges.

BACULARD D'ARNAULD

270 — Un fleuron avant la lettre et sept figures, d'après Eisen, pour les œuvres de Baculard d'Arnaud.

BALZAC (H. DE)

271 — Suite complète de soixante-dix-sept figures, pour illustrer La Peau de Chagrin. Paris, Delloy, 1828, superbes épreuves, tirage hors texte, sur papier vélin. Grandes marges.

BARLOW (J.)

272 — The Columbiad. Suite complète d'un portrait gravé par Smith, d'après Fulton et onze gravures in-4, d'après Smirke, par divers graveurs. Superbes épreuves avec les lettres grises, tirées de format in-fol. sur chine.

BARTHÉLEMY (l'abbé)

273 — Quatre gravures in-8, d'après Colin, par divers graveurs, pour le voyage du jeune Anacharsis en Grèce. Paris, E. Ledoux, 1821. Très rares épreuves à l'état d'eau-forte.

274 — Belle réunion de quarante-sept portraits pouvant servir pour illustrer la biographie des quarante de l'Académie française.

BEATTIE (J.)

275 — The minstrel by James Beattie embellished with engravings from the desings of Rich. Westall. London, 1816. Suite complète d'un frontispice et cinq figures, d'après Westall, par divers graveurs. Très belles épreuves.

BEAUHARNAIS (comtesse Fanny de)

276 — Suite complète de deux frontispices et quatre figures, d'après Marillier, gravés par Née de Gheudt, Ponce, Lebeau et Godefroy, pour mélanges de poésies fugitives et prose sans conséquence. Delalain, 1776. Superbes épreuves, non rognées.

BEAUMARCHAIS

277 — Suite complète de cinq figures in-8, d'après de Saint-Quentin, gravées par C.-N. Malapeau et Roi, pour la Folle Journée ou le Mariage de Figaro, 1785. Superbes épreuves, avec grandes marges, non ébarbées.

278 — Vignette de l'acte II, de la même comédie, d'après le même peintre, gravée par Halbou, pour l'édition de Kehl.

279 — Suite de sept gravures in-12 dont un portrait, d'après Duvivier, pour les œuvres publiées dans la bibliothèque française de Menard et Desenne. Belles épreuves avant la lettre, tirées de format in-8.

280 — La même collection, moins le portrait. Deux suites, une avant la lettre et l'autre avec. Douze pièces. Belles épreuves, grandes marges.

281 — Cinq gravures in-8, dont un portrait, d'après Tony Johannot, publiées par Furne. Très belles épreuves, une pièce est double, à l'état d'eau-forte.

282 — Suite complète de sept gravures in-8, dont un portrait, d'après Staal, pour les œuvres publiées par Garnier frères. Très belles épreuves avant la lettre, sur chine.

283 — La même suite. Très belles épreuves avec la lettre.

BEAUMARCHAIS

284 — Frontispice, d'après Marillier, non signé, pour : Les Mémoires de M. Caron de Beaumarchais, 2 vol. in-8, sans l. n. D. Superbe et très rare épreuve avant la lettre, grandes marges.

285 — La même pièce. Très belle épreuve avec la lettre, grandes marges.

BELLOY (DE)

286 — Suite complète de six gravures in-8, d'après Borel, pour les œuvres complètes. Paris, Cussac, 1779, 6 vol in-8. Très belles épreuves.

287 — Cinq pièces doubles de la suite précédente. Superbes et rares épreuves avant la lettre, plus une pièce double à l'état d'eau-forte ; en tout, 6 pièces avec marges.

BENOIST (Mme)

288 — Une gravure grand in-8, d'après Greuze, par J.-M. Moreau, pour : Sophronie ou Leçon prétendue d'une Mère a sa Fille. Londres et Paris, 1767. Superbe et rare épreuve avant la lettre.

BÉRANGER

289 — Quarante gravures à claire-voie, d'après nos meilleurs artistes, pour les œuvres de Béranger. Paris, Perrotin, 1829. Belles épreuves de format in-8.

290 Quatre-vingt-dix-neuf pièces de la même collection. Belles épreuves, sur chine non collé.

291 — Treize pièces de la suite précédente. Très rares épreuves avant la lettre, sur blanc et sur chine.

292 — Suite complète de huit figures, dessinées par Tony Johannot, suite dite complémentaire de la collection précédente. Belles épreuves.

293 — Soixante-quinze vignettes, d'après Charlet, Johannot, Grenier, Boulanger. Paris, Perrotin, 1834, réimpression des planches de l'édition de 1829. Très belles épreuves, tirées de format grand in-8.

BÉRANGER

294 — Quatre-vingt-dix-huit gravures sur bois, d'après Grandville, et trente gravures sur acier, tirées de l'édition publiée par Perrotin, en 1834, auxquelles il a été ajouté un encadrement, d'après Français, pour les œuvres. Paris. H. Fournier, 1839. En tout, 126 pièces.

295 — Suite complète de quatre-vingt quatre vignettes, d'après Granville et Raffet, dont un portrait en pied de l'auteur, publiées par Perrotin, en 1847. Belles épreuves sur chine.

296 — La même collection. Belles épreuves sur blanc.

297 — Suite de trente-trois figures en couleur, par Henri Monnier, pour les œuvres. Paris, Beaudoin, 1828. Superbes épreuves de premier tirage.

298 — Trente-sept figures en couleur, de la même collection. Très belles épreuves.

299 — Suite complète de quinze figures en couleur, par Henri Monnier, dite suite complémentaire de la collection précédente. Très belles épreuves.

300 — La même collection. Copies des précédentes. Belles épreuves.

BERNARD (P.-J.)

301 — Suite complète de quatre gravures in-4, gravées par Beisson, Copia et Prudhon, pour les œuvres. Paris, Didot l'aîné, 1797, in-4. Superbes épreuves avant la lettre. Marges.

302 — La même collection. Superbes épreuves, avant la lettre, dont trois avec très grandes marges.

303 — La même suite. Très belles épreuves avec la lettre, marges.

304 — Phrosine et Mélidor. — L'Enflammer. Deux pièces de la suite précédente. Belles épreuves.

305 — L'Enflammer, pièce double de la suite ci-dessus. Superbe épreuve avant la lettre, grandes marges.

BERNARD (P.-J.)

306 — Phrosine et Mélidor, gravé par Roger, pour les œuvres choisies. Paris, Janet et Cotelle, 1823, 1 vol. in-8. Deux superbes épreuves, une avant la lettre, avec les noms à la pointe et la seconde à l'eau-forte, marges.

307 — Titre-frontispice, gravé par Baquoy, pour l'Art d'aimer, 1 vol. in-8, 1775. Superbe et rare épreuve avant la lettre, marge.

308 — Phrosine et Mélidor, vignette des chants III et IV, gravées d'après Eisen par Baquoy, 1 vol. in-8. Paris. Lejay, 1772. Très belles et rares épreuves à l'eau-forte, le chant III est à toute marge.

BERNARDIN DE SAINT-PIERRE

309 — Dix gravures in-8, dont un portrait, d'après Laffitte, Moreau, Prud'hon, Desenne, etc., pour l'édition des œuvres publiées par Méquignon-Marvie, 1818. Très belles épreuves avant la lettre.

310 — Trois pièces de la suite précédente, dont une double. Très belles épreuves avant la lettre, deux sont sur chine, grandes marges,

311 — Le Naufrage de Virginie, gravé par Roger. Pièce tirée de la suite précédente. Très rare épreuve à l'état d'eau-forte, marge.

312 — Deux gravures grand in-4, d'après Moreau et Prud'hon, pour Paul et Virginie. Paris, Didot l'aîné, 1806. Très belles épreuves, dont une double avant la lettre.

313 — Suite complète de onze gravures in-8, d'après Corbould, dont un portrait, pour les œuvres. Paris, Lequien, 1838. Superbes épreuves avant la lettre, sur chine, tirées de format grand in-8.

314 — Huit pièces de la suite précédente. Très rares épreuves à l'état d'eau-forte.

315 — La même, suite complète, avec la lettre. Très belles épreuves sur chine.

BERNARDIN DE SAINT-PIERRE

316 — La même suite complète avec la lettre. Épreuves sur blanc.

317 — Vingt-trois pièces dépareillées de la suite précédente. Très belles épreuves avant la lettre, dont sept à l'état d'eau-forte.

318 — Suite complète de neuf gravures in-18, à claire-voie, d'après Corbould, pour une édition donnée par Lefèvre. Superbes gravures avant la lettre, sur chine, de format grand in-8.

319 — La suite complète de cinq pièces pour Paul et Virginie, de la collection précédente. Très rares épreuves à l'état d'eau-forte sur chine, de format grand in-8.

320 — La même suite de cinq pièces. Gravures à l'eau-forte, tirées sur chine, de format in-8.

321 — Cinquante-cinq pièces defets de la suite précédente. Très belles épreuves avant la lettre et eaux-fortes. Beaucoup sont sur chine.

322 — Suite complète de six gravures in-18, dont un frontispice avec portrait de l'auteur, d'après Desenne Paris, Louis Janet, sans date. Superbes épreuves avant la lettre, sur chine in-fol. A cette suite est ajoutée une gravure in-18, d'après Desenne, du même format que celles de l'édition et publiée par le même éditeur.

323 — La même suite. Superbes épreuves avant la lettre, sur chine, de format in-4.

324 — Humanité de Virginie, d'après Desenne, pour Paul et Virginie. Paris, Deterville, 1816. 1 vol. in-18. Rare épreuve à l'état d'eau-forte], de format in-8. Trois épreuves.

325 — Suite complète d'un titre et vingt-huit figures, dessinées par Johannot, Français, Meissonier, Dufour et P Huet, et gravées sur bois, pour Paul et Virginie et la Chaumière indienne. Paris, Curmer, 1838. Superbes épreuves de pre-

mier état, sur chine volant, provenant de la collection Curmer. Il n'a été fait de ce tirage que quelques exemplaires.

326 — Portrait du docteur, dessiné par Meissonier, 1838, gravé par Pigeot, pour l'édition de Paul et Virginie de Curmer. Superbe épreuve avant la lettre, sur chine, de format in-fol. Sept exemplaires.

327 — Suite de cinq eaux-fortes dessinées et gravées par Lalauze, pour Paul et Virginie. Paris, Liseux, 1879, 1 vol. in-12. Superbes épreuves de premier état, non terminées avant toutes lettres, épreuves de graveur avec des retouches. Il manque l'eau-forte du Retour, qui n'a pas été publiée dans cet état.

328 — Quatre pièces doubles de la suite précédente. Epreuves du même état.

329 — Suite complète de quatre eaux-fortes de V. Foulquier, publiées par Jouaust, montées grand in-8.

330 — Suite complète de douze figures en médaillons, imprimées en couleur à deux sur une même feuille, gravées par Guyot, d'après Dutailly, pour Paul et Virginie. Superbes épreuves avec marges. Très rares.

331 — Six pièces doubles des précédentes, imprimées sur trois feuilles. Très belles épreuves avec marges.

332 — Gravures, d'après Desenne, Bertall, Delorme, etc., pour les œuvres de Bernardin. 30 pièces.

333 — Trois figures de Moreau, gravées par Masquelier, Née et Duclos, pour le Voyage à l'Isle-de-France, à l'Isle Bourbon, au Cap de Bonne-Espérance, 1773. Très belles épreuves, une est avant la lettre.

334 — Un titre et une petite figure, dessinés par Mme Fauchery, pour la Chaumière indienne. Paris, Werdet et Lequien, sans date. 1 vol. in-18. Très belles épreuves avant la lettre, sur chine, imprimées sur une même feuille. Deux suites.

BERNIS (le cardinal de)

335 — Suite de cinq gravures en manière noire et un portrait du cardinal sur le titre, gravé par Le Mire, d'après Callet, pour ses œuvres. Paris, Didot, an v. Très belles épreuves avant la lettre.

BERTIN (le chevalier)

336 — Une vignette in-8, d'après Desenne, pour les œuvres complètes. Paris, Roux-Dufort aîné, 1824. 1 v. in-8. Épreuve avant la lettre.

BERQUIN

337 — Suite de quatre figures dessinées par Eisen et gravées par de Ghendt, pour Pygmalion, scène lyrique de J.-J. Rousseau, mise en vers par Berquin, in-8. Très rares épreuves à l'état d'eau-forte avancées, sont retouchées au crayon par l'artiste, pour indication au graveur.

338 — Une pièce de la suite précédente. Superbe épreuve avant la lettre, marge.

BETAUBÉ

339 — Une figure dessinée et gravée par Moreau, pour Guillaume de Nassau ou la Fondation des Provinces-Unies. Paris, Prault, 1775. Très belle épreuve.

340 — Suite de huit gravures in-18, d'après Marillier, gravées par Née, pour Joseph. Paris, Didot l'aîné, 1788. Superbes et très rares épreuves à l'état d'eau-forte, avec marges de format in-8. (La suite complète est de neuf pièces; il nous manque le chant VII.)

341 — Joseph et Mme Putiphar, d'après Monnet, par J.-B. Simonet. Épreuve avant la lettre, avec le cadre. Trois exemplaires.

BOCCACE

342 — Un frontispice et quarante-deux figures, d'après Gravelot, Boucher et Eisen, par divers graveurs, pour Il Decamerone. Londres, 1757. Très rares épreuves à l'état d'eau-forte, marges.

BOCCACE

343 — Douze pièces doubles des précédentes. Très rares épreuves, aussi à l'eau-forte, marges.

344 — Trente-trois pièces de la même collection. Très belles épreuves. Dans ce lot se trouvent trois figures de la suite dite complémentaire.

345 — Dix-neuf figures d'après Gravelot, non signées, de la suite complémentaire, pour le Boccace, 1757. Épreuves avec grandes marges. Tirage du commencement du siècle, en contre-partie de l'ancien tirage.

BOILEAU

346 — Suite complète de huit gravures in-fol. en travers, d'après Lemesle, par divers graveurs, pour le Lutrin. Très belles épreuves, avec marge. (Estampes publiées vers 1730.)

347 — Cinq figures in-8, gravées par Cochin, avec bordures ajoutées, gravées aussi par Cochin, pour une édition in-4, publiée vers 1747. Très belles épreuves avec grandes marges. Rares.

348 — Trois pièces doubles des précédentes. Très belles épreuves tirées avant l'encadrement.

349 — Une gravure in-4, d'après Monsiau, gravée par Voysard, pour l'édition Crapelet, 1798. Belle épreuve avant la lettre, marge.

350 — Suite complète d'un portrait et six figures dessinées et gravées à l'eau-forte, par Saint-Aubin, pour le Lutrin. Paris, Bastien, 1796. Très belles épreuves avant la lettre, à l'eau-forte, avec les numéros au haut de la gravure.

351 — Suite complète de un portrait, par Saint-Aubin, et six figures, d'après Moreau, par Delvau, de Ghendt et Simonet, pour le Lutrin. Paris, Renouard, 1807. Superbes épreuves avant la lettre, tirées de format in-4. Le portrait est avec la lettre.

352 — Suite complète de un portrait, d'après Rigaud, gravé par Lignon, et six gravures de Desenne, pour le Lutrin.

Paris, Lefèvre, 1821. Superbes épreuves avant la lettre, tirées de format grand in-8. Le portrait est avant les noms des artistes.

BOILEAU

353 — La même suite. Très belles épreuves avant la lettre, sur chine ; manque le portrait; le chant IV est sur blanc.

354 — Cinq pièces doubles des précédentes, dont deux doubles. Très rares épreuves à l'état d'eau-forte, grandes marges.

355 — La même suite. Belles épreuves avec la lettre, sur chine; manque le portrait.

356 — Suite complète de treize gravures in-8, d'après Carle et Horace Vernet, Hersent, Bergeret, Roehn, Garnier, pour l'édition de Saint-Surin, dont trois portraits : Boileau, Racine, Louis XIV ; six sujets pour le Lutrin, et quatre pour les satires, l'Art poétique, le Passage du Rhin. Belles épreuves avec les lettres grises.

357 — Quatre pièces doubles de la suite précédente. Deux avant la lettre, sur chine, et deux à l'eau-forte.

358 — Suite complète de un portrait, d'après Rigaud, et sept gravures in-12, d'après Choquet, publiés dans la Bibliothèque française. Très belles épreuves avant la lettre de format in-8.

359 — Six pièces de la suite précédente. Très belles épreuves avant toutes lettres; seulement, les noms d'artiste à la pointe, de format grand in-8.

360 — Suite complète de huit figures in-8, d'après Monnet et Lordan, dont six pour le Lutrin. Épreuves avant la lettre.

361 — Sept gravures in-8, dont un portrait, d'après Staal, pour les œuvres publiées chez Garnier frères. Belles épreuves.

362 — Suite complète de neuf gravures in-8, en travers, dessinées par Fortin et gravées par Girardet, pour l'édition in-fol. publiée chez Didot. Très belles épreuves avant la lettre.

BOISARD

363 — Suite complète de neuf figures, d'après Monnet, pour les fables. Paris, 1777. 2 vol. in-8. Très belles épreuves à toutes marges.

BONGAL

364 — Vignette in-8, gravée par de Longueil, d'après Moreau, pour l'Orphelin anglais, drame en trois actes, 1769. Belle épreuve.

BOREL (d'après)

365 — Suite complète de douze figures in-8, avec bordure, gravées à la manière noire, pour un roman inconnu. Très belles épreuves, toutes marges.

BOUSSANELLE

366 — Titre dessiné et gravé par Moreau, pour le Bon Militaire. Paris, 1770, in-8. Très belle épreuve.

BUFFON

367 — En-tête de page, d'après de Sève, pour les Œuvres de Buffon. Paris, imprimerie Royale, 1749-1804. Dix-neuf pièces. Très belles épreuves avant la lettre, tirage hors texte.

BUNYAN (John)

368 — Suite complète de un frontispice et cinq figures dessinées, par R. Westall, gravées par Heath, pour The Pilgrims Progress, 1840. Très belles épreuves sur chine, de format grand in-8; plus, une pièce double avant toutes lettres.

BURNS

369 — The pœms of Burns. Suite complète de un titre et huit figures dessinées par Westall et gravées par W. Finden. Londres, 1824. Très belles épreuves tirées grand in-8, à toutes marges.

CAMPBELL

370 — Quatre figures, dont deux titres, d'après Westall, pour les œuvres. Londres, 1819. Très belles épreuves du premier état, de format grand in-8.

CAZOTTE

371 — Suite complète de douze gravures in-18, d'après Lefèvre, gravées par Godefroy, pour Ollivier, poème par Cazotte. Paris, Didot l'aîné, 1798. Superbes et très rares épreuves avant la lettre, à toutes marges, imprimées à deux sur une même feuille.

372 — La même suite. Superbes épreuves avant la lettre, et en partie avant les numéros, marges In-8.

373 — La même suite complète. Très belles épreuves avant la lettre. Le chant premier est avec la lettre, et le chant deux, à l'eau-forte.

374 — Figures détachées de la suite précédente. Vingt-six pièces, dont deux avant la lettre.

375 — Deux gravures in-8, d'après Cochin, gravées par Choffard et Prevost, pour les œuvres badines et morales, 1776. Très belles épreuves.

CERVANTES

376 — Suite complète de vingt-quatre gravures in-18, d'après Lefèvre et Le Barbier, pour le Don Quichotte de la Manche, traduit de l'espagnol, par Florian. Paris, Deterville, an VII. Superbes épreuves avant la lettre, tirées à deux sur une même feuille, de format in-4, toutes marges.

377 — Huit pièces doubles de la suite précédente. Très belles épreuves avant la lettre.

378 — La même suite. Très rares épreuves à l'état d'eau-forte, avec marges non ébarbées. Manque les sixième et huitième figures; deux sont remargées. Vingt-deux pièces.

379 — Quinze pièces doubles de la suite précédente. Très rares épreuves à l'état d'eau-forte, remargées.

380 — Suite complète de douze figures in-8, d'après Horace Vernet, Eugène Lami, pour Don Quichotte. Edition Méquignon-Marvis, 1822. Superbes épreuves avant la lettre. A cette suite, est ajouté le portrait de Cervantes, à l'eau-forte.

CERVANTES

381 — La même suite complète. Très belles épreuves avant la lettre, sur chine, à l'exception de quatre pièces sur blanc ; une est double à l'état d'eau-forte.

382 — La même collection, onze figures et le portrait. (Manque la mort de Don Quichotte). Très belles et rares épreuves à l'état d'eau-forte.

383 — Suite complète de six gravures in-8, d'après Desenne, pour Persilès et Sigismonde, ou les Pèlerins du Nord. Paris, Méquignon-Marvis, 1822. Superbes épreuves avant la lettre, sur papier de chine double, format in-fol.

384 — La même suite. Très belles épreuves avant la lettre.

385 — Figures détachées des deux collections précédentes. Quatorze pièces, dont huit avant la lettre.

386 — Suite complète de vingt-neuf figures et un portrait in-8, d'après Chodowiecki, gravées par Berger, pour Don Quichotte, 1779-1780. Superbes épreuves. Rares.

387 — La même collection, moins le portrait. Belles épreuves.

388 — Suite de six gravures grand in-8, d'après Smirke, pour Don Quichotte. Superbes et très rares épreuves, à l'eau-forte, sur papier fort, tirées de format in-4.

389 — Suite de vingt-sept figures de Hayman, gravées par G. V. Neist. In-12, pour Don Quichotte. Belles épreuves.

390 — Suite complète de un portrait, d'après Queverdo, gravé par Gaucher, et vingt-quatre figures, d'après Boucher, Coypel, Cochin, Picart, etc., gravées par Coulet, pour Don Quichotte, in-8. Très belles épreuves avant la lettre, marge.

391 — Suite complète de cinq figures in-8, d'après Deveria, pour Don Quichotte, édition de Filleau de Saint-Martin, publiées par Deloncbamps. Superbes épreuves avant la lettre, sur chine, sauf une qui est sur blanc.

392 — Cinq pièces doubles de la suite précédente. Très belles épreuves avant la lettre.

CERVANTES

393 — La même suite complète. Belles épreuves avec la lettre. Deux exemplaires.

394 — Suite de seize gravures in-12, pour le Don Quichotte, traduction de Florian, publiées par Renouard. Belles épreuves avant la lettre, sur chine, remontées sur format in-8.

395 — La même suite. Épreuves avant la lettre, sur blanc, in-12.

396 — Figures détachées de la suite précédente. Dix-sept pièces. Très belles épreuves avant la lettre.

397 — Suite de douze figures in-12, à claire-voie, dessinées par Courtin et gravées par Blanchard, Goulu, Leroux, etc., pour Don Quichotte. Très belles épreuves avant la lettre, sur chine, de format in-8.

398 — Suite complète de un portrait et dix figures in-12 à claire-voie, d'après Charlet, pour Don Quichotte. Très belles épreuves avant la lettre, de format in-8.

399 — La même suite. Très belles épreuves avant la lettre et avant l'indication du tome dans le haut de la planche, de format in-8.

400 — Defets de la suite précédente. Onze pièces avant la lettre.

401 — Suite de six figures in-18, d'après Smirke, gravées par Coupé et Th. Johannot. Belles épreuves avant la lettre du premier état, tirées de format in-8. Deux sujets sont doubles à l'état d'eau-forte. En tout, huit pièces.

402 — Suite de onze figures in-12, pour Don Quichotte, publiées à Londres en 1792. Épreuves remontées.

403 — Suite de deux frontispices de Tony Johannot, gravés sur bois, par Brevière et Porret, pour Don Quichotte. Paris, Dubochet, 1835. Deux exemplaires sur chine volant. Dans l'un, la figure de Don Quichotte lisant Amadis, est différente de celle du livre. Dans cet état, Don Qui-

chotte n'a pas de moustaches; il a les cheveux hérissés, et la figure n'a pas la même expression.

404 — Suite complète de huit figures in-12, dessinées par Fragonard et gravées par Denon. Epreuves avant la lettre, de format in-8.

405 — Vignettes diverses, d'après Desrais, Deveria et Colin, pour Don Quichotte. Cinq pièces avant la lettre.

CHAMPFLEURY

406 — Suite de quatre eaux-fortes de Legros, pour les Aventures de Mlle Mariette. Belles épreuves avant le nom et les numéros, sur chine.

CHANSONNIER DES GRACES

407 — Vignette frontispice, d'après Moreau, gravée par Baquoy, pour le Chansonnier des Grâces, pour l'année 1808. Très belle épreuve avant la lettre.

CHAPPE D'AUTEROCHE

408 — En-tête dessiné et gravé par J. M. Moreau, en 1768, pour le Voyage en Sibérie. Deux très belles épreuves, une avant la lettre et l'autre à l'eau-forte.

CHAPELLE

409 — Vignette-frontispice, in-18, d'après Marillier, gravé par Delaunay, pour le Voyage de Chapelle et Bachaumont. Edition Cazin. Genève, 1777. Deux très belles épreuves de format in-8, dont une avant la lettre.

CHARRIÈRE (Mme DE)

410 — Suite de cinq figures in-12, d'après Legrand, gravées par Couché, Duplessis-Bertaux et Choffart, pour un roman intitulé : les Trois Femmes, ouvrage non cité, par Cohen. Superbes et très rares épreuves avant la lettre.

410 *bis* — Deux pièces doubles de la suite précédente. Très rares épreuves à l'état d'eau-forte. Grandes marges.

CHATEAUBRIAND

411 — Cinq gravures in-12, d'après Garnier, gravées par Choffard, Saint-Aubin, pour Atala, René. Paris, Lenormand, 1805. Edition originale. Très belles épreuves, dont trois avant la lettre. Manque une pièce pour que la suite soit complète.

412 — Quatre gravures in-8, d'après les dessins d'Alaux, gravées par Bardet, pour Atala, René et le dernier Abencerage. Paris, Lefèvre, 1830. Suite double, avant et avec la lettre. Très belles épreuves, grandes marges. La suite avant la lettre est sur chine.

413 — Huit gravures in-8, d'après Lebarbier, Chaudet, pour l'édition in-18, publiée par Lenormand, en 1800. Superbes et rares épreuves avant toutes lettres, grandes marges.

414 — Très belle réunion d'estampes, d'après Desenne, Johannot, David, etc., pour illustration des Œuvres de Chateaubriand. Cent quinze pièces, en grande partie avant la lettre et sur chine.

COLARDEAU

415 — Suite de six figures in-8, d'après Monnet, gravées par Bacquoy, de Launay, Helman Masquelier et Née, pour le Temple de Gnide. Paris. Lejay, 1773. Superbes et rares épreuves avant la lettre. (Manque une pièce pour que la suite soit complète).

416 — Figures détachées de la même collection. Belles épreuves.

417 — Deux figures in-8, d'après Monnet, gravées par Legrand et Duhamel, pour les œuvres publiées en deux volumes in-8, par Le Jay, 1779. Très belles et rares épreuves avant la lettre, marges.

418 — Une vignette in-8, d'après Desenne, pour les Œuvres choisies, publiées en un volume in-8. Paris, Janet et Cotelle, 1825. Cinq superbes épreuves avant la lettre, dont trois sur chine, avec grandes marges.

COLLÉ

419 — Suite complète de six figures in-4, de formes ovales, dessinées par Gravelot, gravées par de Ghendt, Duclos, de Longueil, Leveau et Simonet, pour la partie de chasse de Henri IV. Superbes épreuves avant la lettre, avec l'adresse de Lattré.

420 — Deux pièces de la suite précédente. Superbes et rares épreuves avant l'adresse de Lattré, et une avant le nom du graveur, dans le bas du sujet.

421 — Une pièce de la même suite, gravée par Duclos. Trois épreuves d'états différents. Eau-forte, avant l'adresse de Lattré et avec cette adresse.

422 — Suite complète de quatre gravures in-8, d'après Gravelot, par Duclos, Rousseau et Simonet, pour la Partie de chasse de Henri IV. Paris, 1766. Belles épreuves.

423 — Belle réunion de portraits de personnages dont il est fait mention dans son journal et mémoires. Quatre-vingt pièces, dont beaucoup avant la lettre, sur chine.

COLIN D'HARLEVILLE

424 — Suite complète de un portrait et huit figures, dessinées par Chocquet, pour les œuvres publiées dans la Bibliothèque française de Menard et Desenne. Superbes épreuves avant la lettre, tirées de format in-8.

425 — La même suite. Épreuves avant la lettre, de format in-12.

CONTES EN VERS (Recueil des meilleurs)

426 — Suite de quarante-cinq vignettes en-tête de pages, dessinés et gravés par Duplessis-Berlaux, pour les Contes et Nouvelles, par Voltaire, Vergier, Senecé, Perrault, Moncrif et Ducerceau, Grécourt, Autereau, Saint-Lambert, etc. Londres (Paris, Cazin), 1778, 2 volumes in-12. Superbes et très rares épreuves avant la lettre, tirage hors texte, en grande partie avec de grandes marges.

427 — Seize pièces doubles des précédentes. Superbes et rares épreuves avant la lettre.

CONTES DES GÉNIES

428 — Suite complète de deux titres et six figures in-18, d'après Westall, gravés par Heath. Superbes et très rares épreuves avant la lettre, sur chine, tirés de format in-4.

COOPER

429 — Suite complète de vingt-sept fleurons et vingt-sept figures, dessinés et gravés à l'eau-forte, par A. et Tony Johannot, et huit cartes géographiques, pour les œuvres. Superbes épreuves avant la lettre, sur chine, avec les noms d'artistes à la pointe. Les fleurons sont tirés à deux sur une même feuille, et le tout en format in-4.

CORNEILLE

430 — Suite complète de un frontispice, gravé par Watelet, d'après Pierre, et trente-quatre figures dessinées par Gravelot, avec encadrements allégoriques variés à chaque gravure, pour l'édition in-4 des œuvres, publiées en 1774. Superbes épreuves, toutes marges.

431 — La même suite complète. Très belles épreuves, marges.

432 — Douze pièces doubles de la collection précédente. Très belles épreuves. Six sont du premier état, avant l'encadrement.

433 — Suite complète de deux portraits gravés par Saint-Aubin, et vingt-quatre gravures in-8, d'après Moreau et Prud'hon pour les Œuvres de Pierre et Th. Corneille. Édition Renouard, 1817. Superbes épreuves avant la lettre, à toutes marges, de format in-4. Très rares en cet état.

434 — Un portrait et quatorze figures, doubles de la suite précédente. Superbes épreuves avant la lettre, avec grandes marges. Le portrait est avec la lettre.

435 — Treize pièces de la même collection. Très belles épreuves avec la lettre, grandes marges.

436 — La même suite de vingt-quatre figures et un portrait. Belles épreuves, grandes marges.

CORNEILLE

437 — Quinze gravures in-12, de Deveria, pour les chefs-d'œuvre de Pierre et Thomas Corneille, dans la Bibliothèque française de Menard et Desenne. Épreuves avant la lettre.

438 — Suite complète de un portrait et douze figures, d'après Staal, pour les œuvres publiées chez Garnier. Très belles épreuves avant la lettre, sur chine.

439 — La même suite avec la lettre. Belles épreuves.

440 — Suite complète de un portrait et vingt-cinq figures, gravées à l'eau-forte, par V. Foulquier et Barras, pour les œuvres. Superbes épreuves du premier état, avant la lettre, tirées sur chine grand in-8.

COTTIN (Mme)

441 — Suite complète de vingt-quatre gravures in-12, de Deveria, pour les œuvres. publiées dans la Bibliothèque française de Menard et Desenne. Belles épreuves avant la lettre; plus, deux pièces doubles avant toutes lettres.

442 — Suite complète de un titre et quatre figures in-12, d'après Westall, publiées à Londres, en 1817. Très belles épreuves.

443 — Deux figures in-32, de Desenne, édition Verdet et Lequien. Deux suites, dont une à l'eau-forte.

COOPER (W.)

444 — Deux suites in-12, pour les Œuvres de Cooper, l'une de sept pièces et l'autre de quatorze, les deux, d'après les dessins de Westall, publiées par J. Shappe, en 1817-1818. Très belles épreuves, marges in-8.

CRÉBILLON

445 — Suite complète de un portrait gravé par Ingouf, d'après La Tour, et neuf figures, d'après Marillier, par divers graveurs, pour les œuvres. Paris, 1785. Superbes et rares épreuves avant la lettre, du premier état, avec le titre en lettres grises au haut du sujet.

CRÉBILLON

446 — Catilina, vignette de la suite précédente. Très rare épreuve à l'eau-forte, toutes marges.

447 — Suite complète de un portrait, par Saint-Aubin, et neuf figures par Moreau, gravées par Bosq, Delvaux, Rebaux et Simonet, pour les œuvres. Paris, Renouard, 1818. Très belles épreuves, marges grand in-8.

448 — Quatre pièces doubles de la suite précédente. Superbes épreuves avant la lettre.

449 — Suite complète de un portrait et neuf figures in-12, gravées par Delignon, d'après Monnet, pour les œuvres. Très belles épreuves avant la lettre.

450 — Suite complète de un portrait et six figures in-8 de Deveria, pour les œuvres. Trois belles épreuves avant la lettre ; sur chine.

451 — La même suite, moins le portrait. Très rares épreuves à l'eau-forte, grandes marges.

452 — La même suite complète. Belles épreuves avec la lettre, sur chine.

453 — La même suite. Belles épreuves avec la lettre, sur blanc.

454 — Suite complète de un portrait et dix gravures in-12 de Deveria, gravées par Goulu et Lacour, pour la Bibliothèque française. Très belles épreuves avant la lettre, marges grand in-8.

CRÉBILLON (fils)

455 — Frontispice et vignette pour Le Sopha. Le frontispice avant toutes lettres, sans noms d'artistes ; la vignette d'après Eisen, par deux graveurs différents. Trois pièces.

DELAVIGNE (C.)

456 — Suite de trente et une vignettes in-8, d'après Deveria, pour les œuvres de Casimir Delavigne, publiées par Ladvocat en 1823 et 1824. Trois belles épreuves avant la lettre, en partie sur chine.

DELAVIGNE (C.)

457 — Vingt-trois pièces doubles des précédentes. Épreuves avant la lettre.

458 — Suite complète de quatre gravures d'après Deveria, pour le Théâtre. Quatre vol. in-8. Paris, Ladvocat, 1826. Très belles épreuves avant la lettre, sur chine.

459 — La même suite. Belles épreuves avant la lettre, sur blanc.

460 — Mme C. Delavigne soignant son mari, gravé par Corbould, — La Mélancolie, d'après Desenne, pour les Messéniennes. Trente-cinq épreuves de ces deux pièces, avant la lettre, sur blanc et sur chine.

461 — Vignettes in-8, d'après Johannot, publiées par Furne, pour les œuvres. Quatorze pièces. Très belles épreuves avant la lettre.

DELILLE

462 — Vignette in-12, chant 1er pour Les Jardins, poème. 1801. Trois épreuves d'états différents, eau-forte, avant la lettre et avec la lettre.

463 — La conversation, figure in-8, d'après Leroy. — Deux vignettes in-18, d'après Lebarbier, gravées par Anselin, pour la Pitié, poème. En tout, trois pièces avant la lettre.

DELVAU (A.)

464 — Suite de dix-huit eaux-fortes de Rops, pour les Cithères parisiennes. Paris, Dentu, 1864. Très rares épreuves d'essai tirées sur la même feuille.—La même suite, aussi épreuves d'sssai, mais coupées. Frontispice pour Les dessous de Paris, gravé à l'eau-forte par Flameng. 1er état. En tout trente-sept pièces.

DEMOUSTIER

465 — Suite complète de un portrait, gravé par Tardieu, et trente-six figures de Moreau le jeune, gravées par Delvaux, de Ghendt, Simonet, etc., pour Les lettres à Émilie sur la mythologie. Paris, Renouard, 1809. Superbes épreuves avant la lettre, tirées de format in-4.

DEMOUSTIER

466 — La même suite. Superbes épreuves, aussi avant la lettre, de format in-4, sauf huit pièces qui sont de format in-8 (manque une pièce pour que la collection soit complète).

467 — Circé, Acis et Galathée. Deux pièces de la suite précédente. Vingt épreuves à l'état d'eau-forte de ces deux figures.

468 — Dix-neuf pièces doubles de la suite précédente. Épreuves avec la lettre, remargées.

469 — Suite de seize figures in-12, de Desenne, avant la lettre, pour la Bibliothèque française, plus treize pièces doubles de la même suite à l'état d'eau-forte.

470. — Quatre figures in-32, de Desenne, publiées par Froment en 1826. Trois suites avant la lettre et avant les numéros.

DESAUGIERS

471 — Suite complète de quatre fleurons in-32, sur les titres, dessinés et gravés par Alf. et Tony Johannot, pour les Chansons. Superbes épreuves avant la lettre, sur chine, de format in-8.

DESHOULIÈRES (Mme)

472 — Suite complète de un portrait, par Rochard, et trois figures in-18 de Marillier, pour les œuvres choisies. Paris, Didot, 1795. Superbes épreuves, grandes marges.

473 — La même suite, moins le portrait. Superbes épreuves, avant la lettre, grandes marges.

474 — Suite complète de 4 gravures in-12, de Catel, gravées par Bouquet, pour les Idylles. Très belles épreuves avant la lettre, tirées de format in-8. Deux suites.

475 — Defets de la collection précédente. Huit pièces avant et avec la lettre.

DESORMEAUX

476 — Suite complète de vingt et un en-têtes, dessinés par Moreau et gravés par Bradel, Prevost et Moreau, pour l'histoire de la maison de Bourbon. 5 vol. in-4. 1779-1788. Superbes et très rares épreuves avant la lettre. Tirage à part avant le texte au verso. Sept de ces pièces sont remargées, les autres ont de belles marges.

477 — Culs-de-lampe et fleurons, dessinés et gravés par Choffard, pour le même ouvrage, même édition. Très rares épreuves avant la lettre, tirage hors texte. Dix-neuf pièces.

DESTOUCHES

478 — Suite complète de un portrait dessiné par Chocquet, gravé par Macret et onze figures dessinées par Lafitte, gravées par Courbe, Delignon, Delvaux, Langlois, Ribault et Villerey, pour les œuvres dramatiques. Paris, Crapelet, 1822. 6 vol. in-8. Superbes épreuves avant la lettre, les noms d'artistes à la pointe. Belles marges.

479 — La même suite complète. Belles épreuves avec la lettre.

480 — Deux pièces doubles de la suite précédente. Rares épreuves avant la lettre, grandes marges.

481 — Suite complète de onze gravures in-8, dont un portrait, gravées d'après Fragonard fils, pour les œuvres dramatiques. Superbes épreuves avant la lettre, à l'état d'eau-forte. Grandes marges.

482 — Suite complète de six figures in-8, d'après Perrin, tirées du répertoire du théâtre français. Superbes épreuves avant la lettre.

483 — Suite complète de dix gravures in-12 et un portrait d'après Duvivier, publiées dans la Bibliothèque française. Très belles épreuves avant la lettre.

484 — La même suite complète. Très belles et rares épreuves à l'état d'eau-forte, format in-8.

485 — Sept pièces doubles de la suite précédente. Rares épreuves à l'eau-forte.

DEVIENNE

486 — Portraits de Montaigne et Montesquieu, gravés par Vogel, frontispice et en-tête de page avec dédicace au duc de Richelieu, d'après Marillier, gravés par Simonet, pour l'histoire de la ville de Bordeaux. 1771. Belles épreuves.

DIDEROT

487 — Suite complète de un portrait, d'après Aubry et quatre figures d'après Lebarbier, gravées par Dupréel et Giraud, pour la Religieuse. Paris, Deroy, an VII. Très belles épreuves. Grandes marges.

488 — Une vignette double de la suite précédente. Rare épreuve avant la lettre, avec le portrait, aussi avant la lettre. Deux pièces.

489 — Vignettes diverses, d'après Eisen, Perrin, Corny et Queverdo, pour la Religieuse, le Père de famille et Jacques le fataliste. Cinq pièces.

DIONIS DU SEJOUR (Mlle)

490 — Suite de cinq gravures in-8, d'après Cochin, gravées par Aliamet, de Launay, Masquelier, Née et Simonet, pour l'origine des Grâces, 1777. Superbes et très rares épreuves avant la lettre, manque le frontispice. Une pièce est double avant la lettre, non terminée.

491 — Quatre pièces doubles des précédentes. Très rares épreuves avant la lettre ; une est à grande marge.

492 — La même suite complète avec la lettre. Belles épreuves.

493 — Quatre pièces doubles de la suite précédente avec la lettre. Superbes épreuves.

DORAT

494 — Suite de dix-huit en-tête et vingt et un culs-de-lampe, d'après Marillier, par de Ghendt, de Longueil, Née, Ponce, Simonet, etc., pour les Fables nouvelles. A la Haye et Paris, Delalain, 1773. Superbes et très rares épreuves avant la lettre, tirage hors texte, avec marges in-8, sauf quatre pièces; plusieurs sont à l'état d'eau-forte.

DORAT

495 — Quinze pièces doubles des précédentes. Très belles et rares épreuves avant la lettre, marge ; une est à l'eau-forte.

496 — Titre-frontispice des Baisers, gravé par Ponce. La Haye et Paris, Delalain, 1770. Superbe et très rare épreuve avant toutes lettres, marge.

497 — En-tête de l'Hymne au baiser, gravé par Ponce. Très belle épreuve. Cette pièce, ainsi que les suivantes, pour le même livre, sont avant la lettre. Tirage hors texte.

2. En-tête du Premier baiser, gravé par de Longueil. Superbe épreuve avec marges.

3. Le cul-de-lampe du Premier baiser, gravé par Binet. Superbe épreuve, grandes marges.

4. En-tête du Troisième baiser, gravé par de Launay. Superbe épreuve, grandes marges.

5. En-tête du Sixième baiser, gravé par Née. Superbe épreuve, grandes marges.

6. En-tête du Huitième baiser, gravé par de Longueil. Superbe épreuve, grandes marges.

7. En-tête du Neuvième baiser, gravé par Massard. Très belle épreuve.

8. Cul-de-lampe du Douzième baiser, gravé par de Launay. Superbe et très rare épreuve à l'eau-forte, toute marge.

9. En-tête du Onzième baiser, gravé par Ponce. Très belle épreuve, petite marge.

10. En-tête du Dix-septième baiser, gravé par Aliamet. Très rare épreuve à l'état d'eau-forte, marge.

11. Le cul-de-lampe du Dix-septième baiser, gravé par de Launay. Très belle épreuve.

498 — Figure d'après Eisen, gravée par Massard, pour Irza et Marsis (chant 2). Deux très rares épreuves avant la lettre, dont une à l'eau-forte.

499 — Titre des Lettres en vers, gravé par de Longueil, d'après Eisen. Deux épreuves, dont une avec le texte gratté.

DORAT

500 — Titre frontispice, dessiné par Eisen, gravé par Legrand, pour Irza et Marsis. Superbe epreuve avant la lettre, marge, plus une épreuve avec la lettre. Deux pièces.

501 — Suite complète de trois gravures in-8, d'après Marillier, gravées par Halbou et Lebeau, pour : Les Prôneurs. Delalain, 1777, avec le frontispice aussi d'après Marillier, par Duflos, en tout quatre pièces. Très belles épreuves avant la lettre, avec marge (le frontispice est avec petite marge).

DUBOS

502 — Vignette-frontispice, gravée par Choffard, pour : Les Fleurs, idylles morales. Paris, 1808. Belle épreuve, marge.

DUCIS

503 — Suite complète d'un portrait et dix gravures in-8, d'après Gérard, Girodet, Desenne et Colin, pour les œuvres. Très belles épreuves avant la lettre, auxquelles on a ajouté la figure de Colin, gravée par Pourvoyeur, représentant : Ducis au lit de mort de son ami Thomas. Deux épreuves avant la lettre et eau-forte.

504 — Onze pièces doubles de la suite précédente, superbes épreuves avant la lettre. Deux pièces sont doubles, à l'état d'eau-forte.

505 — Suite complète de quatorze gravures in-12 et un portrait, d'après Desenne, Gérard et Girodet, pour les œuvres. Très belles épreuves avant la lettre, avec marges; une pièce est double, avec différence.

DUCLOS

506 — Suite compètete de dix figures grand in-8, d'après Boucher, pour Acajou et Zirphile. Conte, 1744. Très belles épreuves avant la lettre, toutes marges.

DUMAS (A.)

507 — Titre avec scènes allégoriques des principaux drames de cet auteur, eau-forte de Célestin Nanteuil, pour l'édition Charpentier. Quatre exemplaires.

DUPATY

508 — Suite complète de huit gravures in-8, d'après Duvivier, pour les Lettres sur l'Italie, publiées dans la Bibliothèque française. Trois suites complètes avant la lettre, dont une à l'eau-forte, tirée de format in-8, ainsi qu'une des suites terminés.

509 — Suite complète de six gravures in-18, d'après V. Adam, gravées par Delvaux et Massard, pour les Lettres sur l'Italie. Très belles épreuves avant la lettre, sur chine, tirées de format in-8, toutes marges.

FAVART

510 — Suite complète de trois gravures in-8, d'après Eisen et Borel, pour Les Moissonneurs, comédie de Favart. Belles épreuves.

ÉPINAY (Mme)

511 — Deux gravures in-8, d'après Moreau, par Lemire, pour les Conversations d'Émilie. Très belles épreuves avant la lettre. Rares.

FAVRE (DE)

512 — Cul-de-lampe, d'après Leclerc, pour : Les Quatre heures de la toilette des Dames. Épreuve avant la lettre.

FÉNELON

513 — Suite complète de sept gravures in-8, d'après Cochin, gravées par de Launay, Lemire, Prévost, Simonet et Saint-Aubin, pour Télémaque. Paris, Drouet, 1776. Superbes épreuves avec marge, le frontispice est avant la lettre.

514 — La même suite. Belles épreuves.

515 — La même suite. Très belles épreuves, remargées de format in-4.

516 — La même suite complète. Superbes et très rares épreuves avant la lettre; cinq ont de grandes marges.

517 — Cinq pièces doubles de la suite précédente. Très belles épreuves avant la lettre.

FÉNELON

518 — Deux pièces de la même suite. Très rares épreuves à l'état d'eau-forte, marges.

519 — Deux culs-de-lampe, d'après Eisen, gravées par Ponce, pour la même édition. Très rares épreuves avant la lettre.

520 — Suite complète de vingt-cinq gravures in-8, de Lefèvre, dont un portrait, gravé par Delvaux, d'après Vivien, pour Les Aventures de Télémaque. Paris, Didot l'aîné, 1796. Magnifiques épreuves avant la lettre, tirées de format grand in-8. Le portrait est avec marge plus petite.

521 — Quinze pièces doubles de la même collection, avant la lettre. Superbes épreuves avec marges.

522 — Neuf pièces de la même suite. Très rares épreuves à l'état d'eau-forte, marges.

523 — La même suite complète, avec la lettre. Superbes épreuves, avec grandes marges.

524 — Suite complète de vingt-quatre vignettes in-18, d'après Queverdo, pour les Aventures de Télémaque. Paris, Bleuet, 1796. Très rares épreuves à l'état d'eau-forte, à toutes marges.

525 — Quinze pièces doubles de la même collection. Epreuves à l'état d'eau-forte.

526 — Dix-sept pièces de la même suite. Très belles épreuves avant la lettre, dont plusieurs doubles.

527 — Suite complète d'un portrait gravé par Delvaux, et vingt-cinq figures d'après Moreau, dont une pour Aristonoüs, in-8. Paris, Renouard, 1812. Très belles épreuves avant la lettre, toutes marges.

528 — Aventures d'Aristonoüs, figure vingt-cinq de la suite précédente. — Philoclès dans l'île de Samos, d'après Moreau, gravé par Simonet. Sept épreuves de ces deux pièces, avant la lettre et à l'eau-forte.

FÉNELON

529 — Figure in-8 pour Télémaque, d'après Moreau, livre XI, gravée en contrepartie de celle de la collection, n'ayant pas été mise dans le commerce. Epreuve à l'état d'eau-forte.

530 — La même suite complète. Très belles épreuves, toutes marges.

531 — Une gravure in-18 d'après Lebarbier, gravée par Villeray, pour Aristonoüs. Très belle épreuve avant la lettre et eau-forte. Cette pièce peut s'ajouter comme complément à la suite de Lefèvre indiquée ci-dessus.

532 — Suite complète d'un portrait, gravé par Huber, d'après Vivien et vingt-quatre figures in-8, par divers graveurs, d'après Marillier, pour Les Aventures de Télémaque. Paris, Crapelet, 1796. Superbes épreuves avant la lettre, toutes marges.

533 — La même suite avec la lettre. Très belles épreuves.

534 — La vignette du livre VIII de la suite précédente. Très rare épreuve à l'état d'eau-forte.

535 — Trois gravures in-4, gravées par Tilliard, d'après Monnet, pour les Aventures de Télémaque. Paris, Didot, 1783. Très belles et rares épreuves avant la lettre, marges.

536 — Suite complète de 12 gravures in-4, d'après Stothard, pour Télémaque. Belles épreuves.

537 — Deux gravures in-4, d'après Cochin, gravées par Lucien, pour Télémaque. Epreuves imprimées en couleur. Les deux mêmes figures. Epreuves avant la lettre, imprimées à la sanguine, plus une pièce double, aussi imprimée à la sanguine. Cinq pièces.

538 — Un titre et une gravure in-18, d'après Uwins, gravés par Waren, pour Télémaque. London, 1819. Belles épreuves sur chine.

539 — Gravures diverses, d'après Marillier, Le Roi, Sisco, Chataignier et Cochin, pour les Aventures de Télémaque. Huit pièces dont trois avant la lettre.

FENOUILLAT DE FALBAIRE

540 — Vignette in-8. gravée par N. De Launay, pour l'Honnête criminel. Très rare épreuve avant la lettre.

FEYDEAU (Ernest)

541 — Suite complète d'un frontispice et dix figures gravées à l'eau-forte par Chauvet, pour : Souvenirs d'une cocodette. Très belles épreuves, sur chine.

FIELDING

542 — Suite complète de douze gravures in-8, d'après Moreau, gravées par de Villiers, Mariage et Simonet, pour Tom Jones ou Histoire d'un enfant trouvé. Paris, Didot, 1833. Superbes épreuves avant la lettre, toutes marges. A cette collection sont ajoutées trois épreuves doubles, à l'état d'eau-forte.

543 — La même collection, avec la lettre. Belles épreuves sur chine.

544 — La même collection avec la lettre. Belles épreuves, sur blanc.

545 — Suite de quatre gravures in-8, d'après Moreau, mêmes compositions que celles de la suite précédente, gravées par Courbe, Hulk et Mariage. Très rares épreuves à l'état d'eau-forte de ces quatre figures non publiées ; une de ces pièces est double, par deux graveurs différents et avec changements dans la composition, grandes marges.

546 — Deux pièces de la même suite par les mêmes graveurs. Epreuves à l'état d'eau-forte.

547 — Suite complète de neuf gravures in-18, gravées d'après Borel, par de Launay, de Lignon, pour Tom Jones. Très belles épreuves avant la lettre.

548 — Six pièces doubles des précédentes. Très belles épreuves, dont cinq avant la lettre.

549 — Suite complète de seize gravures in-8, d'après Gravelot, gravées en contrepartie de la suite de Punt, pour Tom Jones. Belles épreuves.

FIELDING

550 — Suite complète de deux titres avec fleurons, dessinées et gravées par Rouargue, et quatre figures d'après Tony Johannot, pour Tom Jones. Paris, 1836. Belles épreuves, grand in-8.

551 — Suite de dix gravures in-8, d'après Stothard, avec encadrement, pour Tom Jones. Londres, Harrisson, 1780. Belles épreuves, plus une gravure in-12, d'après T. Kirk, pour le même ouvrage. En tout, onze pièces.

FIÉVÉE

552 — Une figure et un fleuron sur le titre, d'après Desenne, imprimées sur une même feuille pour : La dot de Suzette. Belles épreuves avant la lettre.

FLORIAN

553 — Suite complète d'un portrait, gravé par Delignon, et quarante-trois gravures in-8, d'après Queverdo, Lebarbier, Monnet et Marillier, pour les œuvres. Paris, Didot, 1784-1792. Superbes et très rares épreuves avant la lettre. Une pièce pour Galatée manquant est remplacée par une épreuve à l'eau-forte. On a ajouté à cette suite le portrait de Cervantes avant la lettre, gravé par Gaucher, d'après Queverdo.

554 — Trente et une pièces doubles de la suite précédente. Superbes épreuves avant la lettre. Deux sont à l'eau-forte et quatre sont avec la lettre.

555 — Quatre pièces de la même suite. Très rares épreuves à l'état d'eau-forte.

556 — Suite de cinquante-six gravures in-12, d'après Desenne, pour les œuvres. Paris, Renouard, 1817. Superbes et très rares épreuves avant la lettre, sur chine, et les cinquante-six eaux-fortes, sur blanc. Il manque pour les quatre-vingts figures de la suite complète, les huit figures des fables annoncées plus bas et les seize figures pour Don Quichotte, annoncées sous le numéro 394. Seront réunies à la vente.

FLORIAN

557 — Suite complète de huit gravures in-18, d'après Moreau, pour les Fables, font partie de la collection précédente. Belles épreuves avant la lettre, sur chine.

558 — La même suite. Belles épreuves avant la lettre, sur blanc.

559 — Suite complète de quatre-vingts gravures in-18, dont un portrait, d'après Queverdo, Flouest, Lebarbier et Monnet, pour les œuvres in-18, publiées chez Didot, de 1784 à 1792. Très belles épreuves avec grandes marges.

560 — Quatre-vingt-quatorze pièces de la même collection. Bonnes épreuves.

561 — Suite complète de dix-huit gravures in-18, pour les fables, sans noms d'artistes. Epreuves coloriées, marges in-8.

FOÉ (Daniel de)

562 — Suite complète de trois titres gravés avec fleurons variés, un portrait de Foé, gravé par Delvaux, et dix-huit figures d'après Stothard et Duvivier, pour Robinson Crusoé. Paris, Verdière... An VIII (1800). Très belles épreuves, à toutes marges.

563 — Figure n° 17 de la suite précédente. Très rare épreuve à l'eau-forte, grandes marges.

FROMAGEOT

564 — Suite complète de quatre gravures in-8, d'après J.-M. Moreau, gravées par Duclos, Delaunay, Prévost et Simonet, pour les Annales et Marie Thérèse. Paris. Prault, 1775, un vol. in-8. Magnifiques et très rares épreuves avant la lettre et avant les numéros, toutes marges.

565 — Le Portrait de Joseph II, gravé par Gaucher, d'après Moreau. En-tête de page pour le même livre. Très rare épreuve avant le texte au verso. Tirage hors texte.

GALLAND

566 — Suite complète de dix-sept gravures in-4, d'après Smirke, gravées par Daniel, pour : Histoire du petit bossu et des six frères du barbier. Très belles épreuves avec la lettre grise, tirées sur chine volant.

567 — Suite complète de six gravures d'après Westall, pour les mille et une nuits. Edition publiée par Galliot, 1822-1825. Epreuves avant la lettre, sur chine, grandes marges.

GARNIER (l'abbé)

568 — Cent soixante-deux gravures d'après Moreau. Figures de l'histoire de France, dessinées par M. Moreau le jeune et gravées sous sa direction, avec le discours de M. l'abbé Garnier. Superbes épreuves avec grandes marges de premier tirage, les trente-sept premières figures de Monnetet Lepicié non encore remplacées par celles de Moreau.

569 — Dix-neuf pièces doubles de la collection précédente. Belles épreuves. Seize sont avant la lettre.

GÉRARD (l'abbé)

570 — Suite complète de six gravures in-8, d'après J.-M. Moreau, gravées par Delvaux, de Ghendt, Hulk et Trière, pour : Le Comte de Valmont, ou les Egarements de la raison. Paris, Bossange, 1807. Six vol. in-8. Superbes épreuves avant la lettre, avec grandes marges.

571 — Deux pièces doubles de la suite précédente. Très belles épreuves avant la lettre, grandes marges.

GESSNER

572 — Suite complète de quarante-huit gravures in-8, d'après J.-M. Moreau, pour les œuvres. Paris, Renouard, an VII (1799). Très belles épreuves avant les numéros, grandes marges (manque les trois portraits).

573 — Vingt-sept pièces doubles de la collection précédente. Très belles épreuves avant la lettre.

574 — Onze pièces doubles de la même collection. Epreuves avant la lettre dont quatre à l'eau-forte et quatre sur chine.

GESSNER

575 — Suite d'un titre et dix figures in-4 d'après Lebarbier, pour les œuvres de Gessner, 1779, en trois volumes. (Suite complète pour le troisième volume). Très belles épreuves à toutes marges.

576 — La même suite complète, moins le titre. Très belles épreuves à toutes marges.

577 — Suite complète de dix-huit gravures in-8, d'après Marillier, dont trois titres et un portrait, pour l'édition Cazin, 1778. Belles épreuves, marges.

578 — Un portrait et quatre figures in-18, d'après Monnet, pour les œuvres. Belles épreuves.

579 — Suite de trente-quatre culs-de-lampe, gravés d'après Lebarbier, par Lignon, Baquoy et Langlois, pour les œuvres. Epreuves tirées sur chine volant, grand in-8.

GŒTHE

580 — Suite complète d'un portrait et neuf figures, dessinées et gravées par Tony Johannot, pour Faust. Un vol. grand in-8. Superbes et rares épreuves avant la lettre sur chine. de format in-fol. (Cette suite en cet état et de ce format n'a pas été mise dans le commerce).

581 — Suite de un portrait et huit figures dessinées et gravées à l'eau-forte, par Lalauze, pour Le Faust. Paris, Quantin, 1880. Superbes et très rares épreuves en premier état. non mises dans le commerce, formant seize pièces ; une est en quatre états différents et deux autres sont avec remarques. Epreuves avec des retouches du graveur.

582 — Six pièces de la même suite, de trois sujets différents. Superbes épreuves de graveur, avec remarques.

583 — Suite complète de trois gravures in-8, d'après Moreau, pour Werther. Edition de 1809. Très belles épreuves avant la lettre, tirées grand in-8. à toutes marges.

584 — La même suite. Très belles épreuves avant la lettre, marges.

GŒTHE

585 — Quatre gravures in-8, d'après Tony Johannot, gravées par Burdet, pour Werther, édition Crapelet, 1845. Très belles épreuves avant la lettre, sur chine.

586 — La même suite. Belles épreuves avec la lettre. Trois exemplaires.

GRAFFIGNY (Mme de)

587 — Suite complète de huit gravures in-18, d'après Lefèvre, pour les Lettres d'une Péruvienne. Paris, Didot. 1797. Superbes épreuves avant la lettre, tirées grand in-8.

588 — Sept pièces de la suite précédente. Superbes épreuves avant la lettre.

589 — Six pièces de la même suite. Très rares et belles épreuves à l'état d'eau-forte, marges.

590 — La même suite complète, avec le portrait, gravé par De Launay. Superbes épreuves avec la lettre, grandes marges.

591 — Defets de la suite précédente. Dix-huit pièces avec la lettre.

592 — Suite complète de six gravures in.8, d'après Lebarbier, pour les Lettres d'une Péruvienne. Paris, Migneret, 1797. Superbes épreuves avant la lettre, les noms d'artistes à la pointe.

593 — Quatre pièces doubles de la suite précédente. Très belles épreuves avant la lettre.

594 — La même suite complète, et le portrait gravé par Gaucher. Belles épreuves avec la lettre.

595 — Deux gravures in-18 de Stothard, publiées par Harrisson. — Deux gravures in-32 dont un fleuron de titre, d'après Desenne, pour l'édition Verdet et Lequien. Très belles épreuves; les deux dernières avant la lettre.

GRAVELOT ET COCHIN

596 — Suite de cent sept figures dessinées par Gravelot et Cochin, gravées par Aliamet, Bacquoy, Choffard, Duclos, Duflos, Gaucher, de Ghendt, Godefroy, Halbou, Ingouf, de Launay, Legrand, Lemire, Leroy, Leveau, Lingée, de Longueil, Masquelier, Massard, Née, Nicolet, Ponce, Prévost, Rousseau, A. de Saint-Aubin et Simonet, pour l'Almanach iconologique, années 1765 à 1781. Dix-sept volumes in-18. Superbes épreuves avant la lettre, papier fort, tirées in-12; on y a ajouté le frontispice de l'Almanach de 1765.

597 — Quarante-huit pièces doubles des précédentes. Très belles épreuves avant la lettre. Une est à l'état d'eau-forte et sept sont avec la lettre.

GRÉCOURT

598 — Suite complète de un portrait gravé par Dupréel, et huit figures gravées par Dambrun, d'après Fragonard fils, pour les œuvres complètes. Paris. Chaigneau aîné, 1796. Superbes et très rares épreuves avant la lettre, toutes marges.

599 — La même suite complète avec la lettre. Très belles épreuves, toutes marges.

600 — Une gravure in-18, d'après Eisen, pour Philotamus, édition Cazin. Trois épreuves, avec légende, à l'eau-forte, et épreuve non terminée. Le même sujet in-8, d'après Eisen. Quatre pièces ; trois sont remargées.

GRESSET

601 — Suite de un portrait d'après Nattier, gravé par Saint-Aubin, et cinq figures d'après Moreau, gravées par Simonet, pour Vert-Vert et le Lutrin vivant; superbes épreuves avant la lettre. (Le portrait est avec la lettre.)

602 — Une gravure in-8, de Marillier, gravée par Delaunay, pour Vert-Vert, édition Cazin. Deux épreuves, dont une avant toutes lettres, plus la copie en contre-partie. Trois pièces.

GRESSET

603 — Six gravures in-12, de Deveria pour la Bibliothèque française. Epreuves avant la lettre.

GUARDIAN (Th.)

604 — Suite de sept figures, desinées par Smirke, gravées par Fittler, et deux titres, dont un en-tête. Belles épreuves; sont ajoutées deux pièces avant toutes lettres et avant les cadres. En tout, treize pièces.

HARWEY (W.)

605 — Suite de cent figures et culs-de lampe, gravés sur bois, pour la Ménagerie de la Tour de Londres. Londres, 1829. 1 vol. in-8. Très belles épreuves sur chine, imprimées à deux sur une même feuille.

HAMILTON (le comte Ant. de)

606 — Suite complète de quatre gravures in-8, d'après Moreau, pour les Œuvres. Paris, Renouard, 1812. Très belles épreuves de premier tirage, marge.

607 — Le Bélier, figure de la suite précédente. Superbe épreuve avant la lettre, grandes marges.

608 — Quatre gravures in-32 de Desenne, dont deux fleurons de titres, pour l'édition Werdet (Mémoires). Suite avec la lettre, plus deux pièces doubles avant la lettre et eaux-fortes. — Vignette de Chodowiecki et titre pour les mémoires du même auteur. En tout douze pièces.

HÉLOISE ET ABÉLARD

609 — Suite complète de huit gravures in-4, d'après Moreau, gravées par Dambrun, Delvaux, Lemire, etc. pour les lettres. Paris, Didot jeune, 1795. 3 vol. in-4. Superbes épreuves avant la lettre, avec marges in-fol.

610 — Sept pièces de la suite précédente. Superbes épreuves avant la lettre, marges in-fol. Une est remargée.

611 — Abélard donnant à ses disciples des leçons de morale. — Heloïse prend le voile. Deux pièces de la suite précédente. Très rares épreuves à l'état d'eau-forte.

HÉLOISE ET ABÉLARD

612 — La même suite complète avec la lettre. Très belles épreuves, avec marges in-fol.

613 — La même suite complète avec la lettre. Très rares épreuves, imprimées en couleur, marges in-fol.

HÉNAULT (le président)

614 — Vignettes et fleurons, composés et gravés par C.-N. Cochin pour la première édition in-4, de l'Abrégé chronologique de l'histoire de France. 1749. Quarante-neuf pièces. Très rares épreuves tirées avant la lettre, hors texte, imprimées sur trente-cinq feuilles.

615 — Suite de un portrait gravé par Gaucher et de trente estampes allégoriques, d'après C.-N. Cochin pour : Nouvel abrégé chronologique de l'histoire de France. Paris, Prault. 1768. Superbes épreuves de premier état, avant les numéros, marge in-fol. Le n. 13 est avec le numéro.

616 — La même suite, avec marges in-fol. Superbes épreuves, quinze sont du premier état, avant les numéros.

617 — Defets de la collection précédente, cinquante-neuf pièces.

618 — Suite de vingt-huit culs-de-lampe, dessinés et gravés par Moreau, pour : Nouvel abrégé chronologique de l'histoire de France. Paris Prault, 1768. 1 vol. grand in-4. Superbes et rares épreuves avant la lettre, tirage hors texte, imprimées sur dix-neuf feuilles à toutes marges.

619 — Cinq culs-de-lampe, dessinés et gravés par J.-M. Moreau, pour le même ouvrage. Superbes épreuves avant le texte au verso.

620 — Un fleuron pour titre, d'après Eisen, gravé par de Longueil, pour : Pièces de théâtres, en vers et en prose (par le président Hénault). 1770. Superbe et très rare épreuve avant la lettre, à toutes marges.

HÉRO ET LÉANDRE

621 — Suite complète de un frontispice et huit figures dessinés et gravés en couleur par Debucourt, pour Hero et Léandre. Superbes épreuves avec marges.

622 — Réunion d'estampes et vignettes d'après Monsiau, Cochin et Delorme, quatorze pièces. Très belles épreuves avant la lettre, plusieurs sont doubles, deux sont à l'eau-forte et deux avec la lettre.

HOMÈRE

623 — Suite complète de un frontispice et vingt-cinq figures in-8, d'après Marillier, pour l'Iliade, traduction de Gin. Paris, Didot, 1786. 4 vol. in-4. Superbes épreuves avant la lettre, avec les cadres qui ont été effacés ensuite pour l'in-8, quatorze des figures de cette suite sont avant les numéros, grandes marges.

624 — Dix-neuf pièces doubles, de la même collection, superbes épreuves avant la lettre.

625 — Vingt gravures in-8, d'après Borel, Monnet et Marillier pour les œuvres d'Homère.

IMBERT

626 — Suite complète de quatre en-têtes dessinés et gravés par P. P. Choffard, pour le Jugement de Pâris. Paris, 1772. 1 vol. in-8. Superbes et très rares épreuves, tirage hors texte avant la lettre. Deux pièces sont à toutes marges ; les chants II et III ont des marges plus courtes que le livre.

627 — Trois pièces de la suite précédente. Epreuves de la plus grande rareté, à l'état d'eau-forte. Deux ont de grandes marges.

628 — En-tête du livre second des Historiettes et Nouvelles en Vers, Paris, Delalain, d'après Moreau, gravé par Née. Superbe épreuve avant la lettre, tirée hors texte, marge in-8.

IMBERT

629 — Deux vignettes in-8, d'après Moreau, gravées par Martini et Née, pour les Egarements de l'amour et les Fables nouvelles. Epreuves avant la lettre, plus une double avec la lettre, trois pièces.

JAUFFRET

630 — Suite de quatre figures in-12, d'après Monnet, gravées par Ingouf et Gaucher, pour : Les charmes de l'enfance. Paris Didot, 1796. Superbes et très rares épreuves à l'état d'eau-forte, marges.

631 — Vignettes doubles de la suite précédente. Cinq pièces avant la lettre, dont une à l'eau-forte, plus la copie en contre-partie d'une figure de la suite.

632 — La même suite complète avec la lettre. Belles épreuves.

JOHNSON (Samuel)

633 — Suite de trois gravures in-18, dont un fleuron de titre dessiné par Corbould, pour l'Histoire de Rasselas, prince d'Abyssinie. Belles épreuves. Le titre est double, gravé de manière différente. La figure de la surprise est en trois états et gravée différemment. Six pièces.

634 — Suite de quatre figures in-18, dont un titre, d'après Westall, pour le même ouvrage. Londres, 1807, Belles épreuves, grandes marges.

LABÉDOYÈRE

635 — Vignette frontispice d'après Moreau, gravé par de Villiers, pour: Journal d'un Voyage en Savoie et dans le midi de la France, en 1804 et 1805. Paris Crapelet, 1849. Deux très belles épreuves avant la lettre, grandes marges.

DE LABORDE, GUETTARD et BÉGUILLET

636 — Suite complète de dix figures in-fol. d'après Cochin, pour: Description générale et particulière de la France. 1780. Très rares épreuves à l'état d'eau-forte, grandes marges.

DE LABORDE, GUETTARD ET BÉGUILLET

637 — Sept pièces doubles de la collection précédente. Rares épreuves à l'état d'eau-forte, grandes marges.

CHODERLOS DE LACLOS

638 — Suite de deux frontispices et douze figures, d'après Monnet, Mlle Gerard et Fragonard fils, pour les Liaisons dangereuses. 1796. Belles épreuves avec marges. (Manque une pièce pour que la suite soit complète.)

639 — Six pièces doubles de la suite précédente. Superbes épreuves, dont quatre avant la lettre, marges.

640 — Quatre pièces de la même suite. Très belles et rares épreuves à l'état d'eau-forte, marges.

LA FAYETTE (Mme DE)

641 — Suite complète de deux titres et deux figures in-32, d'après Desenne, pour la Princesse de Clèves. Paris, Werdet et Lequien, 1826. Superbes épreuves avant la lettre, sur chine, imprimées à deux sur la même feuille.

642 — Suite complète de deux titres et deux figures in-32, d'après Desenne, pour Zaïde. Paris, Werdet et Lequien. Deux vol. in-18. Superbes épreuves, en trois états différents, tirées à deux sur la même feuille, 1° avec la lettre, 2° avant la lettre, 3° eaux-fortes.

LA FONTAINE (suites pour les Œuvres)

643 — Suite complète de un portrait gravé par Ribault et vingt-cinq gravures in-8, d'après Moreau, pour les Œuvres. Paris, 1814. Plus le Passage du torrent, gravé par Heina, d'après Leguay. Superbes épreuves avant la lettre. Le Lion et le moucheron, La Clochette et le cas de conscience sont remargées. Le portrait avec les lettres grises sur la tablette blanche.

644 — La même suite complète, avant la lettre, manque le portrait. Deux pièces sont du tirage de 1822, et quinze sont remargées.

LA FONTAINE (suites pour les Œuvres)

645 — Neuf pièces doubles de la suite précédente. Très belles épreuves avant la lettre.

646 — La même suite complète, avec la lettre. Belles épreuves.

647 — Sept pièces de la suite précédente, pour les Contes. Belles épreuves.

648 — La même collection, gravée une seconde fois, pour l'édition de 1822. Superbes épreuves, sur chine, avant la lettre. (Manquent trois pièces pour que la suite soit complète).

649 — Vingt-quatre pièces doubles de la suite précédente, y compris le portrait. Très rares épreuves à l'état d'eau-forte, avec grandes marges. Quatre pièces sont de l'édition de 1814.

650 — Six pièces doubles de la suite précédente. Très belles épreuves avant la lettre.

651 — Suite de douze figures de la collection précédente, pour les Fables. Belles épreuves, grandes marges.

652 — La même suite d'un portrait, gravé par Dequevauvillers, et douze figures d'après Moreau. Belles épreuves sur chine, avant la lettre, retouchées par Furne, en 1836.

653 — Suite de cent quarante-quatre figures in-18, d'après Desenne, Chasselat et Dugoure, pour les Œuvres publiées par Neveu. Très belles épreuves avec la lettre, toutes marges. Manque les trois premiers numéros pour que la collection soit complète.

654 — Suite de soixante figures doubles de la collection précédente, pour les Fables. Superbes épreuves avant la lettre, marges in-8.

655 — La même suite de soixante figures. Très rares épreuves à l'état d'eau-forte, grandes marges.

656 — Suite complète d'un portait et douze gravures, de Deveria, in-8. Belles épreuves. Trois pièces sont avant la lettre.

LA FONTAINE (suites pour les Œuvres)

637 — Suite complète d'un portrait, d'après Rigaud, et vingt figures in-18, d'après Desenne, pour la Bibliothèque française. Très belles épreuves avant la lettre.

658 — Suite complète d'un portrait de La Fontaine, un de Fouquet et un de Mme de La Sablière, et seize figures, d'après Staal. Paris, Garnier, grand in-8. Superbes épreuves avant la lettre, sur chine.

659 — La même, suite. Très belles épreuves avec la lettre.

660 — Suite complète d'un portrait, gravé par Hopwood et douze figures, d'après Tony Johannot, pour les Œuvres. Belles épreuves.

661 — Suite d'un portrait et dix-neuf vignettes de Deveria, gravées sur bois, par Thompson, publiées par Sautelet, 1826. Rares épreuves avant le texte au verso. Tirage à part sur papier rose.

LA FONTAINE (suites pour les Fables)

662 — Collection complète de douze gravures in-8, de Bergeret, pour l'édition de Charles Nodier. Très belles épreuves avant la lettre. Deux sont avec la lettre et une est double à l'état d'eau-forte.

663 — Défets de la collection précédente. Vingt-deux pièces, dont quinze avant la lettre.

664 — Suite complète de douze gravures in-8 en travers, d'après Percier, pour l'édition in-fol. des Fables de La Fontaine, de Didot. Très belles épreuves avant la lettre.

665 — La même collection. Superbes épreuves avant la lettre, sur chine volant.

666 — Vingt-six gravures sur bois, d'après Grandville, pour une édition des Fables. Épreuves tirées hors texte, sur chine.

667 — Deux gravures in-18, de Desenne, gravées par H. Dupont : Le Berger et la Mer, Daphnis et Alcimadure, fleurons de titres, pour l'édition in-18, publiée par Jombert. Rares épreuves avant la lettre, sur chine, de format in-8.

LA FONTAINE (suites pour les Fables)

668 — Gravures in-8, d'après Deveria et Marillier, pour les Fables. Cinq pièces avant la lettre, dont une à l'eau-forte.

LA FONTAINE (suites pour les Contes. In-8)

669 — Suite de soixante-dix-neuf vignettes in-8, d'après Eisen, pour les Contes de La Fontaine. Édition dite des Fermiers généraux. Superbes épreuves avec marges. Le Cas de conscience et le Diable de Papefiguière sont découverts : on y a ajouté Féronde avec le bonnet et le Cas de conscience couvert. Le Remède et Alcimadure sont avec le rideau et le plancher ornés. Très rares. (Manque le Gautret.)

670 — Le Petit Chien qui secoue de l'argent et des pierreries, — Promettre est un et tenir est un autre, — Le Muletier, — Le Glouton. Quatre pièces de la collection précédente. Superbes et très rares épreuves avant toutes lettres, non terminées, retouchées au crayon par Eisen, pour donner des indications au graveur.

671 — Huit pièces pour le même livre (refusées). Superbes épreuves, grandes marges.

672 — Le Roi Candaule, première composition faite pour la même collection, gravée par Martinet, avec vers en bas. Belle épreuve, grandes marges.

673 — Seize pièces pour le même livre. Originaux et copies.

674 — Le Cocu battu et content, — Le Faucon. Deux pièces in-8, d'après Marillier. Très belles épreuves avant les numéros.

675 — Suite complète de quatre-vingt-quinze vignettes en-tête, d'après Monnet, Duplessis-Bertaux, Sergent, pour l'édition Cazin, grand in-18. Épreuves avant la lettre, ancien tirage. Le classement est indiqué.

676 — Suite de quarante gravures in-18, d'après Monnet, Sergent, Desenne, Duplessis-Bertaux, Leroy et Colin, pour les Contes. Epreuves avant la lettre, huit sont avant la draperie. Le classement est indiqué.

LA FONTAINE (suites pour les Contes. In-8)

677 — Suite de soixante-douze figures in-12, d'après Desenne, Chasselat et Dugoure, pour les Contes. Belles épreuves, avec marge. Grand in-8.

678 — Suite complète de vingt gravures in-8, d'après la suite de Fragonard, gravées par Godt. Paris, Willem, 1879. Épreuves sur chine volant, de format in-4.

679 — La même suite. Épreuves sur papier de Hollande.

680 — Vignettes in-8, d'apres J.-M. Moreau, pour les Contes, tirées de la collection des Œuvres, publiées en 1814 et 1822, décrites plus haut. Trente et une pièces; seront divisées.

LA FONTAINE (pour les Contes. In-4. Édition Didot).

681 — Vignettes diverses, d'après Eisen, Desrais, Deveria, Vleughels, Boucher, Colin, Desenne, etc. Trente-huit pièces in-8. Beaucoup sont avant la lettre ou à l'eau-forte.

682 — La Gageure des trois Commères, d'après Fragonard. par Trière. (Scène du lit.) Très rare épreuve à l'état d'eau-forte, toutes marges.

683 — Le Mari Confesseur, d'après Fragonard, gravé par Tilliard. Superbe et rare épreuve à l'eau-forte, grandes marges.

684 — Le Savetier, d'après Fragonard, par Dambrun. Très rare épreuve à l'eau-forte, grandes marges.

685 — La même estampe. Épreuve à l'eau-forte, petite marge.

686 — Le Paysan qui a offensé son seigneur, d'après Fragonard, par C.-L. Lingée. Très rare épreuve à l'eau-forte, grandes marges.

687 — A femme avare, galant escroc, d'après Fragonard, par Aliamet. Superbe épreuve à l'eau-forte, grandes marges.

688 — On ne s'avise jamais de tout, d'après Fragonard, par Patas. Très rare épreuve à l'eau-forte, grandes marges.

LA FONTAINE (suites pour les Contes. In-4. Édition Didot).

689 — Le Faucon, d'après Fragonard, par Tilliard. Très rare épreuve à l'état d'eau-forte, grandes marges.

690 — Le Pâté d'anguille, d'après Fragonard, par Patas. Très rare épreuve à l'état d'eau-forte, grandes marges.

691 — Le Gascon puni, d'après Fragonard, par Halbou. Très rare épreuve à l'état d'eau-forte, grandes marges.

692 — La Fiancée du roi de Garbe, par Tilliard. Très rare épreuve à l'état d'eau-forte, grandes marges.

693 — La Coupe enchantée, d'après Fragonard, par Dupréel. Très rare épreuve à l'état d'eau-forte, grandes marges.

694 — Le Magnifique, d'après Fragonard, par Tilliard. Très rare épreuve à l'état d'eau-forte, grandes marges.

695 — Belphegor, d'après Fragonard, par Patas. Très rare épreuve à l'eau-forte, marges.

696 — La Clochette, d'après Fragonard, par Pauquet. Très rare épreuve à l'état d'eau-forte.

697 — Le Juge de Mesle, par Dambrun. Superbe et ancienne épreuve avant la lettre, grandes marges.

698 — La même pièce. Rare épreuve avant la lettre, tirée au commencement du siècle.

699 — La Gageure des trois Commères. (Scène du lit.) Superbe épreuve avant la lettre, grandes marges.

700 — Belphegor. Belle épreuve avant la lettre, petites marges.

701 — Le Glouton, par Simonet. Très belle épreuve avant la lettre, marge.

702 — Le Cocu battu et content, par Delignon. Très belle épreuve avant la lettre.

703 — La Fiancée du roi de Garbe, par Tilliard. Très belle épreuve avant la lettre, grandes marges.

LA FONTAINE (pour les Contes. In-4. Édition Didot)

704 — La Gageure des trois commères, — le Cocu battu et content, — On ne s'avise jamais de tout, — Le Gascon puni, — Le Pâté d'anguille, — La Matrone d'Ephèse, — Belphégor. Sept pièces d'après Fragonard pour les Contes de La Fontaine. In-4. Superbes épreuves, grandes marges.

705 — Figures des contes de La Fontaine, d'après les dessins de Fragonard, gravées à l'eau-forte par Martial. Huit pièces. Rares épreuves d'essai avec des croquis à la pointe dans les marges.

706 — Figures des Contes de La Fontaine, gravées par Martial, d'après Fragonard, et destinées à orner l'édition Didot, 1795, en 2 vol. in-4; suite de cinquante-sept pièces publiées en dix livraisons, avec un portrait de La Fontaine.

707 — Epreuves du 1er état à l'eau-forte pure, avec des croquis dans les marges du bas.

708 — La même collection. Superbes épreuves du 2me état avant toutes lettres, imprimées en bistre.

709 — La même collection. Très belles épreuves du même état, imprimées en noir.

710 — Le Baiser donné, gravure in-4 à l'eau-forte, non signée. Superbe et très rare épreuve avant toutes lettres ainsi que les cinq pièces suivantes. Ces six estampes peuvent entrer comme illustration dans les Contes de La Fontaine, in-4. Édition Didot, illustrées par Fragonard. (Sieurin, dans son Manuel de l'amateur d'illustrations, page 121, ne cite que trois de ces six pièces.

711 — Frère Luce, gravure in-4, à l'eau-forte, marge.

712 — Les Oies de frère Philippe, gravure in-4, à l'eau-forte, marge.

713 — Le Diable en enfer, gravure in-4. à l'eau-forte, marge.

714 — La Servante justifiée. Gravure in-4, à l'eu-forte, marge.

715 — Comment l'esprit vient aux filles. Gravure in-4, à l'eau-forte, marge.

LA PONTAINE (pour les Contes. In-4. Édition Didot)

716 — La Servante justifiée, gravé en couleur par Bonnet, d'après Huet. In-4. Superbe épreuve.

717 — Les Rhémois, d'après Cochin, gravé par C.-L. Lingée. Superbe et rare épreuve avant la lettre.

718 — Le Cuvier, gravé par Lindor, de Toulouse, d'après Schall, in-fol. Belle épreuve.

719 — L'Horoscope, — Le Pâté d'anguille, — Le Petit chien, Les Oies de frère Philippe. Quatre pièces in-4, avec vers en bas, dessinées et graveés par Cochin. Très belles épreuves.

720 — Les Désirs réciproques, d'après Marillier, gravé par Mme Chevery (pour Richard Minutolo). Belle épreuve.

721 — Les Regrets inutiles, d'après Marillier, par Mme Chevery. In-4. Belle épreuve.

722 — La Fiancée du roi de Garbe. Suite de quatre lithographies grand in-4, puliées chez Villain. Epreuves avec marges.

723 — Suite complète de dix lithographies in-4 de Hersent, une pièce est double, avec différence; plus huit des mêmes sujets lithographiés par Chatillon, de format in-8, dix-neuf pièces.

LA FONTAINE (suites pour Psyché et Adonis)

724 — Suite complète de huit gravures in-18, d'après Moreau et un portrait d'après Rigaud, pour Psyché et Adonis, 1797. Belles épreuves.

725 — Cinq pièces doubles de la suite précédente. Très belles épreuves avant la lettre, dont une double.

726 — Quatre gravures in-4, d'après Moreau, pour : Les Amours de Psyché et de Cupidon, avec le poème d'Adonis, édition de Didot jeune, an III. Belles épreuves, plus une figure double, cinq pièces.

LA FONTAINE (suites pour Psyché et Adonis.)

727 — Suite complète de cinq figures in-4, d'après Gérard, pour Psyché et Adonis. Superbes épreuves avant la lettre, grandes marges

728 — La même suite, du même état que la précédente.

729 — Suite de trente-deux figures in-4., gravées au trait, d'après Raphaël, pour les Amours de Psyché. Belles épreuves, grandes marges.

730 — Réunion de vignettes in-8. et in-18, pour Psyché et Adonis, d'après Moreau, Cochin, Deveria, Desenne, etc. Vingt pièces avant la lettre.

LA HARPE

731 — Suite de cinq vignettes in-18, dont un titre, d'après Marillier, pour Tangu et Félime, poeme en quatre chants, 1780 — Très belles épreuves avant la lettre, toutes marges.

LAMARTINE

732 — Suite de sept figures in-18 d'après Desenne, gravées par Ashby, Boilly, Godefroy, pour les Méditations. Très rares épreuves à l'eau-forte.

733 — Réunion de portraits et vignettes, d'après Desenne, Colin, Johannot, Deveria, Mendoze, Gérard, etc., pour les œuvres de Lamartine. Soixante-sept pièces, la plupart avant la lettre, sur chine et eaux-fortes.

LAMOTTE (Houdard de)

734 — Suite de soixante-six en-têtes, dessinés et gravés à l'eau-forte, par Gillot, pour les Fables nouvelles dédiées au Roi. Paris, 1719. Superbes épreuves avant le texte au verso, plus cent pièces avec le texte.

LAPLACE

735 — Suite complète de seize figures in-8, d'après Borel, gravées par Biosse, Borgnet, Dambrun, Delignon, etc., pour la collection de Romans et contes imités de l'anglais. Paris, Cussac, 1780, huit vol. in-8. Superbes et rares épreuves avant la lettre, grandes marges.

LARREY (Isaure de)

736 — Deux gravures in-8, d'après Borel, gravées par Delignon et Albou, pour l'Histoire d'Éléonore de Guyenne, duchesse d'Aquitaine. Paris, Cussac, 1768. Belles épreuves avant la lettre.

LAVALLETTE

737 — Suite de vingt et une figures, d'après Grandville, pour les Fables. Belles épreuves

LEGOUVÉ

738 — Suite complète de sept gravures, d'après Desenne et Deveria, dont un portrait d'après Chasselat, gravé par Bertonnier, pour les Œuvres publiées par Janet, en 1826. Superbes épreuves avant la lettre, sur chine, de format in-fol.

739 — La même suite complète avant la lettre. Epreuves sur chine, de format grand in-8.

740 — La même suite complète. Rares épreuves sur chine, à l'état d'eau-forte.

741 — Suite complète de six gravures in-8. à Claire-voie, d'après Desenne, pour le Mérite des femmes. Paris, imp. de J. Didot. Superbes épreuves avant la lettre, sur chine et la suite complète, à l'état d'eaux-fortes.

742 — La même suite complète. Rares épreuves, à l'état d'eau-forte, sur chine.

743 — Trois gravures in-12, de Moreau et Desenne, pour le Mérite des femmes. Epreuves avant la lettre ; à cette suite est ajoutée la gravure de Moreau, réduction in-18, à claire-voie, pour le même ouvrage, gravée par Boscq, 1818. Quatre pièces.

744 — Quatre pièces doubles des précédentes. Epreuves avant la lettre, sauf une qui est avec la lettre.

745 — Une figure de Moreau réduction in-18, à claire-voie, gravée par Boscq, 1818, pour le Mérite des femmes, Paris, Renouard, 1 vol. in-18. Superbe épreuve avant la lettre. Quatre exemplaires.

LEGOUVÉ

746 — Vignettes d'après Desenne, Deveria et autres. Portraits de Legouvé et portraits de personnages dont il est question dans ses œuvres, quatre-vingt-dix-huit pièces. La plupart sur chine, avant la lettre.

LEGRAND-D'AUSSY

747 — Suite complète de dix-huit gravures in-8, d'après Moreau et Desenne, pour les Fabliaux. Edition Renouard, 1829. Superbes épreuves avant la lettre, sur chine, tirées grand in-8.

748 — La même suite complète, avant la lettre. Epreuves sur blanc, sauf une pièce qui est sur chine.

749 — Quinze pièces doubles de la même collection. Superbes épreuves avant la lettre, sur blanc.

750 — Douze pièces de la même suite. Épreuves avec la lettre.

LESAGE (suites pour les Œuvres)

751 — Suite complète de douze gravures in-8, d'après Staal, pour les œuvres publiées chez Garnier. Très belles épreuves avant la lettre, sur chine, tirées grand in-8.

752 — La même suite complète. Épreuves avec la lettre, sur blanc.

753 — Suite de un portrait et de huit figures in-8 d'après Riley, gravées par Scot, pour Gil-Blas, Londres, 1794. Belles épreuves; on y a ajouté le portrait de Smollett, auteur de la traduction anglaise.

754 — Suite complète de quatre titres et quatre gravures in-18, d'après Desenne, pour Gil-Blas. Paris, Werdet et Lequien. Très belles et rares épreuves avant la lettre, sur chine, avec les eaux-fortes, également sur chine.

755 — La même suite. Épreuves sur chine, les titres sont avec la lettre.

756 — Suite de un portrait et cinq figures in-8, d'après Thomas, pour Gil Blas.

LESAGE (suites pour les Œuvres)

757 — Suite complète d'un frontispice d'après A. Kauffmann et 6 figures d'après Chaillou, gravées par Bovinet, pour Gil Blas. Paris, Bertin, an VI. Six vol. in-12. Très belles épreuves.

758 — Trois figures de la même suite. Très rares épreuves avant la lettre, sur chine.

759 — Suite complète de vingt-deux gravures in-8, sans noms d'artistes, pour Gil Blas, superbes épreuves sur chine avant toutes lettres, marges grand in-8.

760 — Suite complète d'un frontispice et de onze figures dessinées et gravées à l'eau-forte par Wallher, pour l'histoire de Gil Blas. Dresde et Leipzig, 1756. Très belles épreuves.

761 — Suite complète de vingt-huit figures in-18, d'après Monnet, pour Gil Blas. Paris, Chaigneau 1796. Superbes épreuves avant la lettre. Rares.

762 — La même suite de vingt-sept pièces et le portrait. Épreuves avec la lettre.

763 — Suite de vingt figures in 8, d'après Smirke et autres, pour Gil Blas, publiées par Charles Daly. Belles épreuves.

764 — Neuf gravures in-8, de Desenne et Smirke pour Gil-Blas, Paris, Lefèvre, 1820. Belles épreuves, plus six figures de la même suite, tirage de Furne. En tout dix-huit pièces.

765 — Suite complète de quatorze figures, dessinées par Chodowiecki, et gravées par W. Jary, 1797. In-12, pour Gil-Blas; superbes épreuves avant la lettre, grandes marges.

766 — Suite complète de six titres et six figures dessinés et gravés par Chodowiecki, 1779. In-12, superbes épreuves avant la lettre, ainsi que les titres.

767 — Cinq gravures in-8, d'après Bornet avec un encadrement, pour Gil Blas Paris, Didot, le jeune, an III. Très belles épreuves avant la lettre, grandes marges. Trois suites de de ces cinq pièces.

LESAGE (suites pour les Œuvres)

768 — Deux gravures in-8, de Deveria, pour Gil Blas, pour une collection que Ch. Gosselin devait publier. Trois suites à l'eau-forte, plus une pièce double, terminée, pour chaque suite. En tout neuf pièces.

769 — Suite complète de 8 figures de Deveria, publiées dans la Bibliothèque française, pour Guzman d'Alfarache. Épreuves avant la lettre, avec les noms d'artistes à la pointe, de format grand in-8.

770 — La même suite. Épreuves avant la lettre de format in-12.

771 — Suite complète de huit figures de Deveria, publiées dans la Bibliothèque française, pour le Bachelier de Salamanque. Épreuves avant la lettre, les noms d'artistes à la pointe, tirées de format in-8, plus la même suite avant la lettre, de format in-12.

772 — Quatre gravures in-18, de Desenne, dont deux fleurons de titres pour l'édition Werdet. Belles épreuves avant la lettre dont deux à l'eau-forte, le titre à l'eau-forte double, avant la lettre, le titre et la vignette du premier volume avec la lettre.

773 — Deux figures in-12 de Deveria pour le Théâtre, publiées dans la Bibliothèque françaies. Épreuves avant la lettre.

774 — Suite de vingt-huit gravures in-8, d'après Marillier, pour les œuvres de Lesage, Amsterdam (Paris), 1783. Belles épreuves, marges.

775 — Suite d'un portrait et huit figures in-8, gravés à l'eau-forte par Lalauze, pour les œuvres de Lesage publiées chez Jouaust. Superbes et très rares épreuves de premier état, avant la lettre, avec des croquis à l'eau-forte dans les marges du bas. Format in-8.

776 — La même suite. Très rares épreuves à l'eau-forte pure. Grand in-8.

LE PRINCE DE LIGNE

777 — Tête de page de la dédicace, — un cul-de-lampe et quatorze petites vues de batailles auxquelles le prince de Ligne a assisté, formant têtes de pages, datées de 1778 à 1780, pour : Préjugés militaires, par un officier autrichien (le prince de Ligne) 1780, 2 vol. in-8. Superbes épreuves, les 14 vues de batailles sont tirées avant la lettre, hors texte, avec grandes marges.

LE VAYER DE BOUTIGNY

778 — Suite complète des trois vignettes-frontispices d'après Cochin, Moreau et Eisen, pour Tarsis et Zélic. 3 vol. in-8, 1774. Belles épreuves, grandes marges.

LONGUS

779 — Frontispice d'après Coypel, pour Daphnis et Chloë, édition du Régent, 1778. Très rare épreuve à l'état d'eau-forte, avec marge.

780 — Un frontispice et trois figures d'après Monsiau, gravés par Pauquet et Dupréel pour : Les Amours pastorales de Daphnis et Chloë. Paris, Maradan, an VI. Très rares épreuves à l'état d'eau-forte, trois sont à toutes marges. Manque une pièce pour la suite complète.

781 — Suite complète de neuf gravures in-4, d'après Gérard et Prud'hon, pour les Amours pastorales de Daphnis et Chloë, traduites du grec de Longus, par Amyot. Paris, Didot l'aîné, 1800. Superbes et rares épreuves de premier tirage avant la lettre, de format in-fol., avec une tablette au bas de chaque sujet, une pièce à la tablette effacée.

782 — Six gravures in-8, d'après Gérard, Albrier, Hersant et Prud'hon, pour Daphnis et Chloë, édition Janet. Belles épreuves.

LORRIS (Guill. de)

783 — Suite de cinq figures in-8, d'après Monnet, gravées par Girardet, Patas, Demonchy, etc., pour le Roman de la Rose, commencé par Guillaume de Lorris et achevé par Jean de Meung. Très belles épreuves sur chine, collé sur papier rose.

LORRIS (GUILL. DE)

784 — Six pièces doubles des précédentes, trois avant la lettre et trois à l'eau-forte. Très belles épreuves, grandes marges.

LOUVET

785 — Quatorze gravures in-8, d'après de Marne, du Tertre, Mlle Gérard, Marillier, Monsiau, Monnet; pour les Amours du chevalier de Faublas. Paris an VI de la République. Très belles épreuves avant la lettre; deux sont remargées.

786 — Quatre pièces doubles des précédentes. Très belles épreuves avant la lettre.

787 — Une figure de la même collection, gravée par Triere d'aprés Monsiau. Très rare épreuve à l'état d'eau-forte.

788 — Suite complète de huit gravures in-8, d'après Colin, pour les Amours du chevalier de Faublas. Paris, Ambroise Tardieu, 1821-1825. Belles épreuves.

789 — Cinq pièces doubles de la suite précédente. Très belles épreuves avant la lettre, grandes marges.

790 — Dix-huit gravures in-8, de Camille Rogier et Marckl, publiées en 1836 par Lavigne, pour Faublas. Belles épreuves.

791 — Suite complète de six titres gravés sur acier et quarante-sept gravures sur bois d'après les dessins de Camille Rogier et Marckl, pour les Amours du Chevalier de Faublas, publiés par Lavigne en 1836. Très belles épreuves. La suite des quarante-sept fig. est double, sur papier vélin et sur chine volant.

LUCAIN

792 — Suite complète de dix figures in-8, d'après Perrin pour La Pharsale; traduction par Brebeuf. Paris, Crapelet, 1796. Belles épreuves avant la lettre.

793 — Suite complète d'un frontispice et dix figures in-8, d'après Gravelot, pour la Pharsale, traduction en vers français par Marmontel, 1766. Belles épreuves.

LUCRÈCE

794 — Suite complète in-4, du frontispice et des six figures avant la lettre, d'après Monnet pour la traduction de Lagrange, 1794. Très belles épreuves du premier état, avec les cadres et avant les numéros, grandes marges.

795 — La même suite complète in-8. Belles épreuves avant la lettre, les cadres effacés.

MARGUERITE DE NAVARRE

796 — Dix-huit gravures in-8, d'après Freudeberg, pour l'Heptameron français 1780-1781. Très belles épreuves, marges.

797 — Vignettes in-8, d'après Deveria pour une édition du même livre. Huit pièces avant la lettre, dont trois à l'état d'eau-forte.

MARMONTEL

798 — Huit gravures in-8, d'après Gravelot pour les Contes moraux. Superbes et rares épreuves de premier tirage, avant les retouches.

799 — L'Ecole de Pères, — les Deux infortunés. Deux pièces pour le même ouvrage. Très belles et rares épreuves à l'état d'eau-forte ; une a toute sa marge.

800 — Dix pièces de la même collection, d'après Gravelot, pour les Contes moraux. Bonnes épreuves.

800 *bis* — La même suite complète en vingt-trois figures. Belles épreuves.

MERCIER

801 — Une figure et une vignette en-tête, gravées par de Longueil, d'après Moreau, pour : Lettre de Dulis à son ami, 1768. Très belles épreuves avant la lettre.

802 — Suite complète de douze figures in-8, d'après Marillier, pour le théâtre de Mercier. (Copies hollandaises.)

METASTASE

803 — Suite complète de un portrait, d'après Steiner, gravé par Gaucher, et trente-cinq figures in-8, d'après Cipriani, Cochin, Delvaux, Martini et Moreau, pour les œuvres de Metastase, 1780-1782, 12 vol. in-8. Très belles épreuves avec grandes marges. Les deux figures représentant les personnages des comédies de Térence se trouvent aussi dans cette suite.

MILLEVOYE

804 — Suite complète de six gravures in-8, d'après Deveria, pour les Œuvres. Très belles épreuves avant la lettre. Grandes marges.

805 — Quatre gravures in-8, gravées à l'eau-forte, par Lalauze, pour les Œuvres. Superbes épreuves avant la lettre. Deux pièces sont doubles, avec différences. Format grand in-8.

MOLIÈRE

805 *bis.* — Suite de un titre, un portrait et trente et une vignettes in-18, gravées par Punt, d'après Boucher, pour l'édition des œuvres de Molière, 1745. Superbes épreuves du 1er état, avant les retouches ; vingt-deux sont imprimées à deux sur la même feuille, avec grandes marges. Le portrait est double, avant et avec la retouche.

806 — Suite de un portrait et trente-deux figures in-12, gravées par Legrand, en réduction des figures de Boucher. Belles épreuves.

807 — Suite complète de trente-quatre gravures in-8, d'après Moreau, dont un portrait, d'après Mignard, gravé par Cathelin, pour les œuvres de Molière. Édition de Bret. Très belles épreuves. Manque une pièce pour la collection complète.

808 — L'École des Femmes, — La Critique de l'École des Femmes. Deux pièces gravées par Née et Simonet, d'après Moreau, pour les œuvres de Molière. Edition de Bret. Très belles épreuves avant la lettre.

MOLIÈRE

809 — Mélicerte, gravé par J. Leveau, d'après Moreau, pour le même livre. Même édition. Très rare épreuve à l'état d'eau-forte.

810 — Suite complète de un portrait, par Saint-Aubin, et trente figures d'après Moreau, publiées par Renouard, pour les œuvres de Molière. Superbes épreuves avant la lettre. Le portrait avec le nom sur la tablette blanche. Marges.

811 — La même suite complète. Superbes épreuves du même état. Le portrait a la tablette entièrement blanche.

812 — La même suite complète. Épreuves avec la lettre. Grandes marges.

813 — Suite complète de un portrait gravé par Taurel, et dix-huit gravures in-8, d'après Desenne, pour les œuvres de Molière. Édition Lefèvre. Superbes épreuves avant la lettre ; quelques épreuves sont sur chine, et une pièce est double, avec différences.

814 — La même suite complète. Epreuves avec la lettre. Grandes marges. Le portrait manque et est remplacé par un autre gravé par Lignon, d'après Fragonard.

815 — Dix gravures in-8, d'après Desenne, pour les œuvres de Molière. Edition Lefèvre. Superbes épreuves avant la lettre, dont cinq sur chine.

816 — Vingt et une pièces doubles des précédentes, dont dix-sept avant la lettre.

817 — Suite de un portrait d'après Chenavard, et dix-neuf figures d'après Desenne, Vernet et Johannot, pour les Œuvres, publiées chez Furne. Belles épreuves.

818 — Dix gravures in-8, d'après H. Vernet, Hersent, pour les Œuvres. Paris, Desœr, 1819-1825. Très belles épreuves avant la lettre.

819 — L'Ecole des Maris, — L'Ecole des Femmes, — L'Avare, — M. de Pourceaugnac, — Amphytrion. Figures pour les Œuvres de Molière, indiquées au numéro précédent. Soixante-quinze épreuves de ces cinq pièces, avant la lettre, sur chine. In-fol.

MOLIÈRE

820 — Suite de vingt figures in-18, d'après Desenne, publiées dans la Bibliothèque française. Belles épreuves.

821 — Suite de un portrait, un frontispice et trente-trois gravures, pour les œuvres de Molière. Figures d'après Boucher. Paris, Alphonse Lemerre. Belles épreuves de format grand in-8.

822 — Cinq figures grand in-8, dessinées et gravées à l'eau-forte par F. Dupont, pour les œuvres de Molière. Très belles épreuves de 1er état, avec le nom du graveur à la pointe, et des croquis à l'eau-forte dans les marges du bas. Sur japon.

823 — La même suite. Même état. Sur chine.

824 — Molière et la Béjart, dessiné et gravé à l'eau-forte, par Lalauze. In-12. (Paris, Liseux, 1 vol. in-18.) Très rare épreuve avant la lettre, sur japon, de format in-4.

825 — Figures diverses pour les œuvres de Molière, d'après Desenne, Riffaut, Boucher, etc. Seize pièces.

MONTESQUIEU

826 — Suite de onze gravures in-18, d'après Regnault et Lebarbier, pour le Temple de Gnide, suivi d'Arsace et Isménie. Paris, P. Didot l'aîné, 1795. Belles épreuves. Marges. Manque une pièce pour que la suite soit complète.

827 — Quatre pièces doubles de la collection précédente. Superbes épreuves avant la lettre.

828 — Trois gravures in-8, d'après Lebarbier et Choffard, pour Arsace et Isménie. Belles épreuves. Grandes marges.

MOORE (Thomas)

829 — Suite complète de sept gravures in-8, d'après Smirke, pour Lalla-Rouck. Londres, 1821. Superbes épreuves avant la lettre, sur chine, de format in-fol.

830 — Six gravures in-8, d'après Westall, pour Lalla-Rouck. Belles épreuves sur chine, format in-fol.

MOORE (Thomas)

831 — Suite de un titre et cinq figures in-8, d'après Westall, pour les Chroniques de la Canongate. Très belles épreuves avant la lettre, sur chine.

MOREL DE VINDIÉ

832 — Suite complète de un frontispice et cinq figures, d'après Lefèvre, gravés par Godefroy, pour Primerose. Paris, Didot l'aîné, 1797. Superbes épreuves avant la lettre. Marges.

833 — Cinq pièces doubles de la suite précédente. Belles épreuves, dont trois avant la lettre.

834 — La même suite complète. Très rares épreuves à l'état d'eau-forte, remargées grand in-4.

835 — Suite complète de six vignettes in-8, d'après Lefèvre, gravées par Godefroy, pour Zélomir. Paris, Didot l'aîné, 1801. Très belles épreuves avant la lettre. Grandes marges.

836 — La même suite avant la lettre. Très belles épreuves, remargées grand in-8.

837 — La même suite complète. Très belles épreuves avant la lettre, sauf une qui est avec.

839 — La même suite complète. Très belles et rares épreuves à l'état d'eau-forte. Marges.

840 — Sept pièces de la même collection. Très rares épreuves à l'état d'eau-forte.

OVIDE

841 — Soixante-dix gravures in-8, d'après Boucher, Eisen, Moreau, pour les Métamorphoses d'Ovide, traduction de l'abbé Banier. Paris, 1767-1771. 4 vol. in-4. Superbes épreuves. Grandes marges.

842 — Treize pièces doubles des précédentes. Très belles épreuves.

843 — Onze vignettes pour la même suite. Même édition. Très belles et rares épreuves à l'état d'eau-forte. Trois sont avant la bordure.

OVIDE

844 — Huit pièces de la même collection. Très belles et rares épreuves avant la lettre.

845 — Cent seize gravures d'après Moreau, Monsiau, Lebarbier, pour les Métamorphoses, édition Villenave. Epreuves avant la lettre et avant les numéros, à l'exception de vingt qui sont avec les numéros.

846 — Quatre-vingt-deux pièces doubles du numéro précédent. Très belles épreuves avant la lettre.

847 — Cinq pièces de la même suite. Très rares épreuves à l'état d'eau-forte.

848 — Vingt-six pièces de la même collection. Belles épreuves avec la lettre.

PERRAULT (Charles)

849 — Suite de un portrait, douze en-tête et quatre figures, gravées par J. Rebel, pour les Contes de Perrault. Très rares épreuves avant la lettre, sur chine volant, imprimées en bleu.

850 — Un portrait et huit figures dessinées et gravées à l'eau-forte par Lalauze, pour les Contes de Perrault. Superbes épreuves avant la lettre.

PETIS DE LA CROIX

851 — Suite complète de vingt-une figures in-8, d'après Chasselat, pour les Mille et un Jours. Suite double avant et avec la lettre.

852 — Dix gravures in-8 de Deveria, pour les Mille et un Jours. Deux suites d'états différents.

PIIS

853 — Suite de un frontispice avec dédicace, par Choffard, et huit figures dessinées par Lebarbier, gravées par Gaucher, pour les Chansons nouvelles. Paris, 1785. In-18. Superbes épreuves avant la lettre. Grandes marges.

PIRON

854 — Une gravure in-8 d'après Cochin, gravée par Sornique, pour l'École des Pères, comédie de Piron. Deux très rares épreuves, avant la lettre et eau-forte. Marge.

POPE (A.)

855 — Deux titres et deux vignettes, d'après Fuselli et Uwins, pour les œuvres de Pope. Belles épreuves sur chine.

856 — Suite de deux portraits et dix-huit figures, d'après Stotbard, pour les œuvres de Pope. London, du Roveray, 1804. Très belles épreuves avant la lettre. Grandes marges.

POÈTES ANGLAIS

857 — Suite de trente-deux figures in-18, d'après Westall, sujets dans des médaillons, avec entourages et inscription, pour les œuvres de Akenside, Armstrong, Collins, Cooper, Dryden, Milton, Pope, Thompson, etc. Très belles épreuves. Grandes marges.

PRÉVOST (l'abbé)

858 — Suite complète de huit figures in-18, d'après Lefèvre, gravées par Coiny, pour Manon Lescaut. Paris, Didot, 1797. 2 vol. in-12. Superbe et très rares épreuves avant toutes lettres, à l'état d'eau-forte. Belles marges.

859 — La même collection, publiée par Leclerc en 1821. Epreuves avant la lettre.

860 — Suite complète de un portrait et cinq figures, dessinés et gravés à l'eau-forte par Hédouin, pour Manon Lescaut, publiées par Jouaust. Très belles épreuves de premier tirage.

861 — Suite complète de un portrait et dix-sept figures de Tony Johannot, pour Manon Lescaut. Paris, Bourdin, 1840. 1 vol. grand in-8. Belles épreuves avant la lettre, sur chine.

862 — Suite complète de deux fleurons de titres, d'après Desenne, pour Manon Lescaut. Paris, Werdet et Lequieu, 1827. 1 vol. in-8. Superbes épreuves sur chine avant la lettre. Tirées grand in-8.

PRÉVOST (l'abbé)

863 — Suite complète de deux titres et deux figures in-18 de Desenne, pour Manon Lescaut. Paris, Werdet, 2 vol. in-18. Suite double avant la lettre, sur chine, et avec la lettre, sur blanc, plus une gravure in-8, d'après Desenne, pour l'édition Werdet. Epreuve avant la lettre. En tout neuf pièces.

864 — Suite complète de douze gravures in-8, dessinées et gravées par Winkeles, pour : Histoire du chevalier Grandisson. Superbes épreuves avant la lettre. Grandes marges.

865 — Vingt-quatre figures in-8 d'après Marillier, pour les œuvres de l'abbé Prévost. Belles épreuves, avec marges.

PRÉVOST ET LESAGE

866 — Cent douze gravures in-8, d'après Marillier, et deux portraits pour les œuvres de l'abbé Prévost et de Lesage. Très belles épreuves.

RABAUT DE SAINT-ÉTIENNE

867 — Suite complète de un frontispice et cinq figures in-18, d'après Moreau, gravés par Coiny, Halbou. Hubert, Langlois et Simonet, pour : Précis historique de la Révolution française. Paris, Didot l'aîné, 1792. 3 vol. in-18. Très rares et superbes épreuves avant la lettre, plus la suite double, à l'état d'eau-forte. En tout douze pièces. Marges

868 — Suite complète de seize gravures des principaux événements de la Révolution française, pour les ouvrages de M. Ch. Lacretelle, publiées aussi sous le titre de : Précis historique de la Révolution française, 1801-1806. Très belles et rares épreuves avant la lettre, dont trois à l'eau-forte, plus neuf pièces doubles, également à l'eau-forte. Marges.

RABELAIS

869 — Suite complète de douze gravures in-8 de Deveria, et la carte du Chinonais, pour les Œuvres. Edition Dalibon. Superbes épreuves avant la lettre. In-fol.

RABELAIS

870 — La même suite complète avant la lettre. Epreuves sur chine, in-4.

871 — Suite complète de dix eaux-fortes, dessinées et gravées par E. Boilvin, pour les œuvres de Rabelais. Superbes épreuves du 1er état avant la lettre, sur chine volant Elles sont toutes signées par l'artiste.

RACINE (suites pour les Œuvres de)

872 — Suite complète de douze gravures in-8, d'après Gravelot, pour les Œuvres. Paris, Cellot, 1768. Très belles épreuves.

873 — La même collection complète et le portrait de Racine, gravé par Savart. Superbes épreuves.

874 — Suite complète de un portrait de Racine, gravé par Cathelin, et douze figures d'après de Sève, pour les œuvres. Paris, 1767, 3 vol in-12. Belles épreuves remargées grand in-4.

875 — La même suite complète. Belles épreuves remargées grand in-8.

876 — Suite complète de douze gravures in-8, d'après Lebarbier, pour les Œuvres. Paris, Le Normant, 1808. Belles épreuves.

877 — Suite complète de un portrait gravé par Duprécl, d'après Santerre, et douze figures in-8 d'après Moreau, publiées par Raymond et Ménard en 1811. Superbes et rares épreuves avant la lettre. Marges.

878 — La même suite complète avant la lettre. Superbes épreuves remargées grand in-8.

879 — La même suite complète. Belles épreuves avec la lettre.

880 — Suite complète de douze gravures in-8 d'après Moreau, pour les Œuvres. Paris, Renouard, 1805. Très belles épreuves avant la lettre.

RACINE (suites pour les Œuvres de)

881 — La même suite complète et le portrait, gravé par Saint-Aubin. Très belles épreuves. Grandes marges.

882 — Défets de la collection précédente. Neuf pièces. Sept sont avant la lettre.

883 — Suite de douze figures in 8, d'après Garnier, et deux portraits gravés par Saint-Aubin, pour les Œuvres. Edition de Lenormant, 1801. Belles épreuves.

884 — Sept pièces de la même suite. Très belles épreuves avant la lettre. Grandes marges.

885 — Suite de un frontispice et douze figures in-8, d'après Desenne, Prud'hon, Gérard, Girodet et Taunay, gravées par Velyn, pour les Œuvres. Belles épreuves.

886 — La même suite, moins le Frontispice. Très belles épreuves avant la lettre.

887 — Trois suites de douze gravures in-8 et un portrait, d'après Gérard, Girodet, Desenne et Deveria, pour les œuvres de Racine, publiées chez Furne. Une suite est sur chine.

888 — Douze pièces tirées des collections précédentes. Epreuves avant la lettre.

889 — Suite complète de treize gravures in-12, d'après Desenne, gravées par Girardet, pour la Bibliothèque française. Belles épreuves avant la lettre.

890 — La même suite avec la lettre, de format in-8.

891 — Defets de la même collection. Vingt-six pièces avant la lettre.

892 — Suite complète de un portrait et douze gravures d'après Staal, gravés par Delaunay, pour les œuvres publiées par Garnier. Très belles épreuves avant la lettre, sur chine.

893 — La même suite. Très belles épreuves avec la lettre.

RAYNAL

894 — Suite complète de un portrait, d'après Cochin, gravé par de Launay, et quatre figures d'après Moreau, pour : Histoire philosophique et politique des établissements et du commerce des Européens dans les deux Indes. 1780. Belles épreuves.

895 — Une pièce de la collection précédente. Très rare épreuve avant toutes lettres, à l'état d'eau-forte.

896 — Suite complète de un portrait d'après Cochin, et neuf figures in-8, d'aprés Moreau pour le même ouvrage. Edition en 10 vol. in-8, 1807, Superbes épreuves avant les numéros. Grandes marges.

897 — La même suite complète, moins le portrait. Très belles épreuves du même état.

REGNARD

898 — Suite complète de douze gravures in-8, dont un portrait, d'après Moreau et Marillier, pour les œuvres complètes de Regnard. Paris, 1789-1796. 6 vol. in-8. Très belles épreuves du 1er état, avec les titres en lettres grises, pour les figures de Moreau. Les quatre de Marillier sont d'un tirage postérieur, avec grandes marges.

899 — Trois pièces doubles des figures de Moreau, de la même suite. Epreuves du 1er état.

900 — La suite complète des figures de Moreau, et le portrait de la même collection. Très belles épreuves du 1 état, avec les titres en lettres grises. Remargées in-fol.

901 — Le Joueur, — Le Retour imprévu. Deux figures in-8, faisant partie de la suite des figures d'après Borel, pour les Œuvres. Paris, Maradan, 1790, 4 vol. in-8. Superbes et rares épreuves avant la lettre de ces deux pièces, dont la suite entière n'a pas été publiée avant la lettre.

902 — Suite complète de treize gravures in-8, dont un portrait, d'après Desenne, pour les œuvres de Regnard. A Paris, chez P. Dufart, 1828. Superbes épreuves avant la lettre sur chine, avec la suite à l'eau-forte également sur chine. Les deux tirées de format in-fol.

REGNARD

903 — Les deux mêmes suites, avant la lettre et eaux-fortes. Épreuves sur chine, de format grand in-8.

904 — Les deux mêmes suites, avant la lettre et eaux-fortes. Épreuves sur blanc, de format grand in-8.

905 — La même suite. Epreuves avec lettres grises, sur chine.

906 — Suite de huit gravures in-12, dont un portrait de Deveria, pour la Bibiothèque française. Suite double avant et avec la lettre.

REGNIER

907 — Réunion de portraits pour illustrer les œuvres de Regnier. Dix-sept pièces.

RICCOBONI

908 — Vignettes et fleurons d'après Desenne, portraits de Mme Riccoboni. Vignettes d'après Gravelot, Chocquet, etc. Trente-cinq pièces, beaucoup sont avant la lettre et à l'eau-forte.

RICHARDSON

909 — Suite de vingt et une figures d'après Eisen et Pasquier, pour Clarisse Harlowe. Belles épreuves.

910 — Suite complète de un portrait d'après Pujos et vingt et une gravures in-8, dessinées et gravées par Chodowiecki, pour Clarisse Harlowe. Epreuves avant la lettre.

911 — Vignettes diverses d'après Eisen, Gravelot et Marillier, pour Clarisse Harlowe. Vingt-neuf pièces avant et avec la lettre.

912 — Suite de vingt-neuf gravures in-8, de Hayman et Gravelot, pour Paméla. Londres, 1742. Plus sept gravures d'après Marillier, pour illustrer une édition du même ouvrage, en tout trente-six pièces.

RICHER

913 — Suite complète de vingt figures d'après Marillier, pour le Théâtre du monde. Paris, 1775. Belles épreuves.

ROBBÉ DE BEAUVEZET

914 — Suite complète de quatre figures in-8, d'après Desfriches, pour : Mon Odyssée ou le Journal de mon Retour de Saintonge. Belles épreuves, une est double avant la lettre.

ROGERS (Poèmes)

915 — Suite complète de six figures in-12, d'après Westall. Epreuves tirées de format in-8.

ROUSSEAU (J.-B.)

916 — Suite de huit gravures in-8, d'après Lafitte, gravées par Anselin, pour les œuvres de J.-B. Rousseau. Belles épreuves avant la lettre.

917 — Portraits et vignettes, pouvant servir pour illustration des œuvres de J.-B. Rousseau. Trente-cinq pièces.

ROUSSEAU (J.-J.)

918 — Suite de trente gravures in-4, d'après J.-M. Moreau et un portrait gravé par Saint-Aubin d'après la Tour, pour les œuvres de J.-J. Rousseau. Edition in-4, 1774-1783. Superbes et très rares épreuves, avant la pagination dans le haut de la gravure et à toutes marges. Huit pièces sont avec les numéros.

919 — La même suite complète en trente-neuf figures, dont sept d'après Lebarbier. Très belles épreuves.

920 — Vingt-neuf pièces doubles de la suite précédente. Belles épreuves.

921 — Six pièces de la même collection, dont deux avant les numéros.

922. — Suite de trente gravures grand in-4, d'après Monsiau. Cochin, Vincent Renaud, pour les œuvres de J.J. Rousseau. Paris. Defer de Maisonneuve, 1793-1800. Très belles épreuves avec grandes marges. Treize pièces sont avant la lettre.

923 — Dix pièces doubles du numéro précédent. Très belles épreuves, dont quatre avant la lettre.

ROUSSEAU (J.-J.)

924 — Quatre pièces de la même collection. Très rares épreuves à l'état d'eau-forte.

925 — Quatre figures pour Emile, réductions petit in-4. Des gravures de Monsiau et Cochin de la suite ci-dessus. Très belles épreuves, dont deux à l'eau-forte et une avant la lettre.

926 — Suite de six figures in-8, d'après Cochin pour Emile, réductions des précédentes. Très belles épreuves; marges.

927 — Quatre-vingt-trois gravures in-8, d'après Moreau, Monsiau, Marillier, Monnet, etc., pour les œuvres de Rousseau. Edition Poinçot. Belles épreuves, en partie avant la lettre.

928 — Dix-huit gravures in-18, d'après les dessins de Marillier, par de Longueil, de Launay, etc., pour les œuvres choisies. Edition Cazin, 1777. Très belles et rares épreuves avant la lettre.

929 — Suite de soixante figures in-8, de Moreau et Dupréel, pour les œuvres. Belles épreuves, grandes marges.

930 — Vingt-neuf pièces doubles de la suite précédente. Belles épreuves, grandes marges.

931 — Vingt-une pièces de la même collection. Superbes et rares épreuves avant la lettre et avant le filet d'encadrement.

932 — Dix-huit pièces de la même collection. Très rares épreuves à l'état d'eau-forte, marges.

933 — Defets des collections précédentes, vint-deux pièces avant et avec la lettre et eaux-fortes.

934 — Suite complète de un portrait et dix-huit figures d'après Desenne, pour les œuvres. Paris, Lefèvre, 1819-1822. Superbes épreuves avant la lettre, les noms d'artistes à la pointe, marges grand in-8.

ROUSSEAU (J.-J.)

935 — Suite de quarante-deux gravures in-8, d'après Deveria, dont deux portraits, J. J. Rousseau et Madame de Warens pour l'édition Dalibon. Superbes épreuves avant la lettre, sur chine, tirées de format in-fol.

936 — La même suite complète. Très rares épreuves à l'état d'eau-forte sur chine, de format in-fol.

937 — La même suite complète. Epreuves avec la lettre sur chine, de format in-4.

938 — Suite de quinze gravures in-8, d'après Deveria et Johannot, publiées par A. Aubrée. Belles épreuves.

939 — Suite de douze figures in-12, d'après Gravelot pour la Nouvelle Héloïse, 1764. Manque le frontispice.

940 — Six gravures in-8 d'après Prud'hon, dont un portrait d'après Degault, gravé par Copia, publiées par Bossange, plus une gravure de Chodowiecki pour la Nouvelle Héloïse. 7 pièces.

941 — Dix figures in-18, d'après Moreau pour Emile, portrait et vues de l'Ermitage, fac-similé de l'écriture de Rousseau, en tout douze pièces.

942 — Douze gravures in-18 d'après Moreau, pour la Nouvelle Héloïse. Belles épreuves.

943 — Suite de neuf gravures in-12, d'après Deveria, publiées dans la bibliothèque française. Epreuves à l'eau-forte.

SAINTE-BIBLE

944 — Suite de cent treize gravures in-8, d'après J. M. Moreau, pour le Nouveau Testament en latin et français, traduit par Sacy. Paris, Didot jeune, 1793-1798, cinq vol. in-8, superbes et très rares épreuves avant la lettre, avec grandes marges. Suite très rare à trouver complète.

945 — Quatre-vingt-dix-huit pièces doubles de la suite précédente. Superbes épreuves avant la lettre.

SAINTE-BIBLE

946 — Defets de la suite précédente, quatre-vingt-quinze pièces avant la lettre et à l'eau-forte.

947 — Trois cents gravures in-4, d'après Marillier. pour la sainte Bible, traduction de Le Maistre de Sacy. Paris, Defer, de Maisonneuve et Gay, 1789 à 1814, 12 vol. in-4. Superbes épreuves avant la lettre, manque cinquante pièces pour que la suite soit complète.

948 — Cent quarante-neuf pièces doubles de la suite précédente, superbes épreuves avant la lettre.

949 — Quatre-vingt-quinze figures de la même collection, pour le Nouveau Testament. Superbes épreuves avant la lettre.

950 — Deux cent vingt-cinq figures de la même collection. Belles épreuves avec la lettre et l'encadrement.

951 — Suite de soixante-quatre gravures in-8, d'après Deveria, pour la sainte Bible. Paris, Lefèvre, 1828-1832. Superbes et très rares épreuves avant la lettre sur chine, vingt-cinq de ces gravures sont signées de Deveria, une est à l'eau-forte sur blanc et 2 figures sont également avant la lettre sur blanc.

952 — Cinquante figures de la même collection. Superbes et très rares épreuves à l'état d'eau-forte.

953 — Suite de sept gravures d'après les tableaux du Poussin, gravées par Beyer, suite double, avec la lettre et les eaux-fortes.

SAINT-LAMBERT

954 — Un fleuron de titre et deux vignettes entête de pages, dessinés et gravées par Choffard, à la date de 1769. Très rares épreuves avant la lettre.

955 — Une gravure d'après Moreau, pour l'édition des Saisons, 1775. — Une d'après Lebarbier, pour les Saisons de Thompson. Deux pièces in-8, avant la lettre. La seconde est à l'eau-forte, grandes marges.

SAINT-LAMBERT

956 — Suites de gravures in-8 et in-4, d'après Louterbourg, Teniers, Gérard, etc., en noir et en couleur, 40 pièces avant et avec la lettre, pourront être vendues par suite.

957 — Belle réunion de portraits et sujets pour servir à illustrer les Saisons, de Saint-Lambert et Thompson. Vingt-deux pièces.

SAINT-MARC

958 — Une vignette et un-cul-de lampe d'après Eisen, gravés par Gaucher, pour les œuvres, 1775, un vol. in-8. Superbes et rares épreuves avant la lettre, tirage hors texte, avec marges.

SATIRE MÉNIPPÉE

959 — Suite complète d'un frontispice et huit figures d'après Deveria, publiées par Dalibon en 1824. Superbes épreuves avant la lettre sur chine, tirage de format in-fol.

BILLARDON DE SAUVIGNY

960 — Un titre et une vignette, entête de page, gravés par Moreau, pour : Innocence du premier âge en France, suivie de la Rose de Salancy., 1768. Superbes épreuves, l'entête est avant la lettre.

961 — Suite complète de deux vignettes d'après Tony Johannot, pour les Amours de Blanche Bazu et de Pierre Le Long. Paris, Werdet et Lequien. Très belles épreuves en trois états avant la lettre et eau-forte, sur chine et avec la lettre sur blanc.

SCARRON

962 — Suite de douze gravures in-8 d'après Le Barbier, pour le Roman comique, 1796. Très belles épreuves avant la lettre. Manque deux pièces pour la suite complète, et en plus trois figures doubles, aussi avant la lettre.

SÉVIGNÉ (Mme DE)

963 — Suite complète de six gravures in-8, d'après Le Barbier et De Fraine, pour les Lettres de Mme de Sévigné. Paris, Lagrange, 1788. Belles épreuves.

SÉVIGNÉ (Mme DE)

964 — Suite complète de vingt-cinq portraits in-8, d'après Deveria, pour les Lettres de Mme de Sévigné. Édition Dalibon. Très belles épreuves avant la lettre sur chine, tirées de format in-folio.

965 — La même suite complète, avant la lettre, sur blanc, tirée de format in-fol., et la même suite double, à l'état d'eau-forte, format in-4.

966 — La même suite complète. Très rares épreuves à l'état d'eau-forte.

967 — Collection de cinquante portraits in-8, gravés par Ceroni, d'après Petitot, pouvant servir à illustrer les Lettres de Mme de Sévigné. Très belles épreuves.

968 — Suite complète d'un portrait en pied et dix-sept figures, en-tête de pages dessinées et gravées à l'eau-forte par Foulquier, pour les Lettres de Mme de Sévigné, publiées par Mame. Superbes épreuves de 1er état avant la lettre, sur chine volant, format grand in-8.

969 — Collection de cent trente-sept portraits, extraits des Attiques du Palais de Versailles et gravés sur acier. Cette collection est spécialement destinée aux Lettres de Mme de Sévigné. Paris, Bureau des Galeries historiques de Versailles. Épreuves sur chine, avant la lettre.

SHAKESPEARE

970 — Suite complète de soixante figures in-8 d'après Smirke, Westall et autres artistes anglais, pour les œuvres de Shakespeare. Belles épreuves, marges grand in-8.

971 — Suite de trente-cinq figures in-8, d'après Gravelot, gravées par G. Vander Gucht, 1762, pour les œuvres. Bonnes épreuves.

972 — Cinq vignettes pour le même auteur, d'après Stothard. En tout, 40 pièces.

SOUZA (Mme DE)

973 — Suite complète de quatre figures in-32 pour Adèle de Senange. Paris, Werdet et Lequien. Suite double avant et avec la lettre, sur chine.

STERNE

974 — Suite complète de six figures grand in-4, d'après Monsiau, gravées par Dambrun, Miger, Patas et Pauquet, pour le Voyage sentimental. Paris, Dufour, an VII. Superbes épreuves, grandes marges.

975 — Une figure double de la suite précédente. Épreuve avant la lettre, grande marge.

976 — Suite de un portrait, d'après Reynolds, et neuf figures in-8, d'après Stothard, pour le Voyage sentimental. Très belles épreuves avec marges.

977 — Six gravures in-8, d'après Chasselat, pour le Voyage sentimental. Édition Bastien, 1803. Belles épreuves avant la lettre.

978 — Six gravures in-8, d'après Stothard, pour le Voyage sentimental. London, 1742. Belles épreuves.

979 — Un portrait et six figures in-12, gravés par Ransonnette, pour le Voyage sentimental. Belles épreuves, marges.

980 — Un portrait et quinze figures in-8, sans nom d'artiste, pour le Voyage sentimental. Belles épreuves avec marge.

981 — Deux gravures in-8 gravées sur bois, d'après Tony Johannot et Jacques, puur la traduction de J. Janin. Edition Bourdin. Belles épreuves sur chine.

982 — Deux gravures in-12 ,d'après Uwins. Dix figures in-12, d'après Singleton, Kidd et Wood, pour Jonathan. En tout, douze pièces.

SWIFT

983 — Suite complète de dix gravures in-18, d'après Lefèvre, gravées par Masquelier, pour les Voyages de Gulliver. Edition Didot, 1797. Très belles épreuves de premier tirage, avec la légende en français. Grandes marges.

984 — La même, suite, moins une figure. Superbes et très rares épreuves avant la lettre, marges.

985 — La même suite complète. Belles épreuves avec les légendes en anglais, imprimées à deux sur une même feuille, grandes marges.

TARDIEU SAINT-MARCEL

986 — Une vignette-frontispice, d'après Moreau, pour Charles Martel ou la France délivrée, 1806. Epreuve avant la lettre.

TASSE

987 — Suite complète de un portrait, gravé par Delvaux, et vingt gravures in-8, d'après Le Barbier, pour la Jérusalem délivrée. Paris, Bossange et Masson, 1814. Très belles épreuves avant la lettre.

988 — Cinq gravures in-8, d'après Gravelot, pour la Jerusalemme liberata. Paris, Delalain, 1771. Superbes et très rares épreuves avant la lettre et avant l'encadrement.

989 — Suite complète de vingt-trois culs-de-lampe et de vingt portraits historiés, en-têtes de pages, gravés par Leroy, pour la Gerusalemme liberata. Paris, Delalain, 1771. Superbes et très rares épreuves du premier état, avant la lettre. Tirage hors texte.

990 — Titres et figures, d'après Gravelot, pour le même ouvrage. Quatorze pièces.

991 — Suite complète de 40 gravures in-4, d'après Cochin, pour la Gerusalemme liberata. Parigi, 1784. Très belles épreuves, toutes marges.

992 — Trois pièces doubles de la même collection. Très belles et rares épreuves avant la lettre, grandes marges.

993 — Cinq pièces de la même collection. Très rares et superbes épreuves à l'état d'eau-forte, marges.

994 — Suite complète de dix gravures in-8, d'après Desenne et Colin, pour la Jérusalem délivrée. Edition de Baour-Lormian. Superbes épreuves avant la lettre.

995 — Vingt et une gravures in-8, gravées à l'eau-forte, d'après Carlo Falcini, pour la Jérusalem délivrée. Edition italienne. Belles épreuves avec marges.

996 — Suite de dix vignettes de Desenne, dont cinq en-têtes, pour Aminta. Edition Neveu, 1813. Suite double avant la

lettre, en noir et en couleur, plus les cinq en-têtes aussi en couleur, sur papier rose.

997 — Un titre et une figure, d'après Desenne, gravés par Rogers, pour Aminta.

998 — Une figure pour Aminta, d'après Desenne, gravée par Coupé. Quatre pièces avant la lettre, dont une double avec les noms d'artistes à la pointe.

999 — Aminta, d'après Prud'hon, gravé par Roger. Belle épreuve avant la lettre, marge.

1000 — Figures in-8 et in-18, d'après Desenne et autres, pour les œuvres du Tasse. Onze pièces avant la lettre, dont une double à l'eau-forte.

TASSONI

1001 — Fleurons, d'après Huet et Marillier, gravés par Le Roy, pour la Secchia rapita. Paris, 1766. Très rares épreuves avant la lettre. Huit pièces, marges.

TENCIN (Mme DE)

1002 — Suite de deux vignettes in-8, d'après Desenne, pour le Siège de Calais. Paris, Werdet et Lequien. Trois états, eaux-fortes, avant la lettre, sur chine, et avec la lettre, sur blanc.

THOMPSON

1003 — Suite complète de quatre figures in-8, d'après Le Barbier, gravées par Baquoy, Dambrun, Dupréel et Patas, pour les Saisons. Paris, Didot, 1796. Superbes épreuves avant la lettre, marges.

1004 — Un portrait et quatre figures in-12, d'après Cook, — Un portrait et quatre figures grand in-8, par G.-L. Crusius. Deux suites pour les Saisons de Thompson. Belles épreuves.

THIERS

1005 — Suite complète de cinquante-quatre gravures, portraits et figures, d'après Raffet, pour l'Histoire de la Révolution, publiés chez Furne. Très belles épreuves, sur chine, grand in-8.

THIERS

1006 — Soixante-dix figures et portraits d'après les mêmes artistes pour le même livre. Belles épreuves format grand in-8, publiées chez Furne.

1007 — Suite de quatre-vingt-huit figures in-8, d'après Ary Schefler et Johannot, pour l'Histoire de la Révolution, publiées chez Furne. Très belles épreuves avant la lettre, sur chine, de format in-4.

1008 — La même collection en quatre-vingt-quinze figures. Épreuves sur chine avec la lettre.

1009 — Suite de trente-quatre figures grand in-8 : les Journées de la Révolution, gravées à la manière noire, sans noms d'artistes. Très belles épreuves. Rares.

1010 — Suite de soixante-dix-sept figures in-4, d'après Duplessis-Bertaux, Monnet, Fragonard, Benazech, gravées en Hollande, pour l'Histoire de la Révolution française. Belles épreuves.

1011 — Belle réunion de portraits et vignettes pouvant servir à illustrer l'Histoire de la Révolution. Quatre-vingt et une pièces.

TIMON

1012 — Suite de vingt-six portraits grand in-8, pour les Orateurs célèbres. 1 vol. in-8. Pagnerre, 1842. Superbes épreuves avant la lettre, sur chine de format in-4.

TRESSAN

1013 — Suite complète de un portrait et de douze gravures in-8, d'après Colin, pour les œuvres. Paris, Nepveu, 1823. Très belles épreuves avant la lettre, grandes marges.

1014 — La même suite complète. Superbes épreuves avant la lettre, sur chine, grandes marges.

1015 — Suite complète de quatre gravures in-18, d'après Moreau, pour Jehan de Saintré. Belles épreuves, marges.

TRESSAN

1016 — Trois pièces de la même collection. Rares épreuves avant la lettre, marges.

1017 — Suite complète de quatre gravures in-18, d'après Moreau, pour Gerard de Nevers. Belles épreuves, marges.

1018 — Deux figures d'après Desenne, avant la lettre chine et avec la lettre, plus une pièce double à l'eau-forte, pour Jehan de Saintré. Paris, Lequien. 1 vol. in-18.

VERNET (d'après H.)

1019 — Salon d'Horace Vernet, ou collection gravée d'après les tableaux exposés chez lui en 1822. Quinze pièces. Belles épreuves avant la lettre, sur chine.

VIE DES SAINTS

1020 — Collection complète de trente-trois gravures in-fol. d'après les grands maîtres, publiées chez Furne. Belles épreuves avant la lettre sur chine, in-fol.

VERGIER

1021 — Suite de trente-neuf gravures in-18, d'après Duplessis-Bertaux, pour les Contes et Nouvelles. Edition Cazin. Epreuves tirées hors texte, avec grandes marges.

VIRGILE

1022 — Suite de vingt et une gravures in-fol. d'après Gerard et Girodet, pour les œuvres de Virgile. Paris. Pierre Didot jeune, 1798. Très belles épreuves avec la lettre, grandes marges.

1023 — Cinq figures in-fol. d'après Lebarbier, Boichot, Fragonard fils et Moitte. Belles épreuves avant la lettre, grandes marges.

1024 — Trois gravures grand in-4, d'après Moreau, gravées par Simonet, Baquoy et Thomas, pour l'Enéide de Virgile, avec la traduction en vers français par J. Delille. Paris, an XIII. Très belles épreuves avant la lettre, marges.

VIRGILE

1025 — Deux pièces doubles des précédentes. Epreuves avant la lettre.

VOLTAIRE (suites pour les Œuvres)

1026 — Suite de quarante-quatre gravures in-8, d'après Moreau, pour les œuvres de Voltaire. (Edition de Kehl) dont onze pour la Pucelle. Superbes et rares épreuves avant la lettre.

1027 — Neuf pièces doubles des précédentes. Epreuves avant la lettre.

1028 — Six pièces de la même suite. Très belles et rares épreuves à l'eau-forte. Deux ont des retouches au crayon par l'artiste, pour servir d'indication au graveur.

1029 — Quarante-quatre figures de la même collection pour le Théâtre. Belles épreuves, grandes marges.

1030 — Huit gravures in-4, d'après Moreau, et le portrait du prince de Prusse, aussi d'après Moreau, pour la Henriade. Très rares épreuves avant la lettre, six ont de grandes marges.

1031 — Six pièces doubles des précédentes. Très belles épreuves avant la lettre.

1032 — Le chant IV de la même suite. Très rares épreuves à l'état d'eau-forte, grandes marges.

1033 — Sept pièces de la même collection. Belles épreuves avec la lettre.

1034 — La même suite complète, avec la lettre. Belles épreuves à toutes marges, à l'exception de deux pièces dont les marges sont plus petites.

1035 — Marianne. — Le Pauvre diable, deux figures in-4, d'après Moreau, gravées pour faire suite à la Henriade, in-4. Belles épreuves avant la lettre, une est double, avec toute sa marge. Trois pièces.

VOLTAIRE (suites pour les Œuvres)

1036 — Suite complète de cent treize gravures in-8, d'après Moreau, et quarant-sept portraits gravés par Saint-Aubin, pour les œuvres de Voltaire. Edition Renouard. Belles épreuves.

1037 — Cinquante-trois pièces doubles de la suite précédente, dont dix pour la Henriade. Belles épreuves, une est avant la lettre.

1038 — Suite de quarante-neuf gravures in-4, d'après Gravelot, dont huit portraits gravés par Saint-Aubin et Cathelin, pour les œuvres de Voltaire. Genève, 1768. Belles épreuves.

1039 — Vingt-cinq pièces doubles des précédentes. Belles épreuves.

1040 — Deux pièces de la même collection, pour la Henriade. Rares épreuves avant la lettre, dont une à l'eau-forte.

1041 — Suite complète de soixante-dix sujets, et dix portraits en pied, d'après les dessins de Al. Desenne, pour les Œuvres de Voltaire. Edition Beuchot. Très belles épreuves avant la lettre.

1042 — La même suite complète. Belles épreuves avec la lettre sur chine.

1043 — La même suite complète. Belles épreuves avec la lettre sur blanc.

1044 — Trente-huit pièces de la même collection. Très rares épreuves à l'état d'eau-forte.

1045 — Trente-cinq pièces de la même suite, pour la Pucelle. Rares épreuves avant la lettre, dont beaucoup de doubles, en différents états.

1046 — Suite de soixante gravures in-8, d'après Chasselat, pour les Œuvres.

VOLTAIRE (suites pour la Henriade)

1047 — Suite complète de douze gravures in-4., d'après Queverdo, pour la Henriade. Belles épreuves, les bordures coupées et remargées in-4.

VOLTAIRE (suites pour la Henriade)

1048 — Suite complète de un frontispice et dix figures, d'après Eisen, pour la Henriade, Paris, veuve Duchesne, vers 1770.

1049 — La même suite, plus dix gravures in-12 sans noms d'artistes pour le même ouvrage, cette dernière suite remargée.

1050 — Suite complète de dix gravures in-18, d'après Xavier Leprince, pour la Henriade. Très belles épreuves avant la lettre, sur chine.

1051 — La même suite. Rares épreuves à l'état d'eau-forte.

1052 — La même suite. Belles épreuves avec la lettre.

1053 — Suite complète de treize lithographies in-8, par Morlet, pour la Henriade. Rares.

VOLTAIRE (suites pour la Pucelle)

1054 — Sept gravures in-4., d'après Monsiau et Marillier, pour la Pucelle, avec un encadrement. Très rares épreuves avant la lettre, grandes marges, une est à l'état d'eau-forte.

1055 — La même suite complète, moins le chant XXI. Belles épreuves sur chine, sans encadrement.

1056 — Suite complète de vingt-deux gravures in-18, dont un frontispice de Duplessis-Bertaux, pour La Pucelle. Edition Cazin. Superbes et très rares épreuves avant la lettre, avec marges in-8. Deux figures et le frontispice sont remargés. Le chant XXI est double avant le numéro et avant beaucoup de travaux.

1057 — Les chants XII et XX de la même collection. Epreuves de la plus grande rareté, à l'état d'eau-forte, avec grandes marges.

1058 — La même suite complète, moins le frontispice. Epreuves sur chine, tirage postérieur.

VOLTAIRE (suites pour la Pucelle)

1059 — Suite complète de dix-huit figures, un frontispice et un portrait de la Pucelle, d'après Marillier. Collection dite *suite anglaise*, pour une édition de Genève, en dix-huit chants. Très belles épreuves avec grandes marges, à l'exception de sept dont les marges sont plus petites.

1060 — Dix-sept doubles de la suite précédente. Très belles épreuves.

1061 — Suite complète de vingt et une figures in-8, d'après Gravelot, pour la Pucelle, un vol. in-8, sans lieu (Genève) 1762. Epreuves de premier tirage avec l'indication des chants en gros chiffres romains.

1062 — Suite de treize figures in-8, sans noms d'artistes, publiée en Angleterre, pour la Pucelle. Belles épreuves, grandes marges.

1063 — Trente-trois figures in-8, d'après Monnet, pour les romans de Voltaire, édition de Bouillon en trois volumes.

1064 — Une gravure, d'après Moreau, tirée de la collection précédente. Très rare épreuve avant la lettre, marge.

1065 — Suite de cinq figures de Chodowieki, pour Candide. Berlin, 1785. Très belles épreuves. Rares.

1066 — Le Déjeuné de Ferney, — Vue des délices de M. de Voltaire près Genève, — Vue du Château de Ferney, — Tombeau de Voltaire, à Ferney. Cinq pièces, dont une double. Belles épreuves.

WALTER-SCOTT

1067 — Suite complète de quatre-vingt-quatre fleurons de titres, dessinés et gravés par Alfred et Tony Johannot, pour les œuvres de Walter-Scott, éditées par Ch. Gosselin. Superbes épreuves avant la lettre, sur chine, de format in-4, imprimées à deux sur une même feuille.

1068 — La même suite complète. Epreuves avant la lettre, sur chine, in-8.

WALTER-SCOTT

1069 — Vingt-six gravures in-8, d'après Desenne pour les Œuvres publiées par Ch. Gosselin, 1826-1828. Superbes et rares épreuves avant la lettre, sur chine, format in-fol.

1070 — Trente-deux figures in-8, d'après Desenne, pour les œuvres publiées par Ch. Gosselin, en 1824. Très rares épreuves à l'eau-forte; plus six portraits de Walter-Scoot, également à l'eau-forte. En tout trente-huit pièces.

1071 — Suite complète de trente-trois gravures in-8, d'après Alfred et Tony Johannot, pour les Œuvres publiées par Furne. Superbes épreuves avant la lettre, sur chine, in-fol.

1072 — Quinze pièces doubles de la suite précédente. Très belles épreuves avant la lettre, sur chine.

1073 — Sept gravures in-8, d'après Leslie, pour Kenilworth. Superbes épreuves sur chine, in-4; une pièce est double, avant la lettre.

1074 — Sept gravures in-8, dont un frontispice, d'après Westall pour : The Monastery. Superbes épreuves sur chine, avant la lettre, in-fol.; quatre figures sont doubles, avec la lettre.

1075 — Sept gravures in-8, dont un frontispice, d'après Stothard, pour Rokeby. Très belles épreuves sur chine, in-fol.

1076 — Sept gravures in-8, dont un frontispice, d'après Westall, pour Glenfinlas. Belles épreuves, format in-4, plus quatre pièces doubles de format in-8.

1077 — Sept gravures in-8, dont un frontispice, d'après Westall, pour la Dame du lac.
Très belles épreuves in-4.

1078 — Quatre figures in-8, d'après Westall, pour Marmion, Sept gravures in-8, d'après Westall, pour The Lay of the Last Minstrel, onze pièces. Belles épreuves.

YOUNG (Ed.)

1079 — Suite complète de dix figures d'après Westall, pour Les Nuits d'Young. Belles épreuves.

ZACHARIE

1080 — Trois vignettes en-tête, d'après Eisen, gravées par Baquoy, pour les quatre parties du Jour, poème traduit de l'allemand de M. Zacharie. Paris, Munier, 1769. Très rares épreuves avant la lettre, grandes marges.

ESTAMPES ET VIGNETTES DIVERSES

ADRESSES

1081 — Jean-Adam Henrich, cabaretier, au Cheval rouge, au vieux Marché au vin. à Nuremberg, Belle épreuve, rare.

1082 — Theuveny, apothicaire à Chalons en Champagne. Quatre sujets sur une même feuille.

1083 — *Billet de Bal.* Salle d'Orléans, bal de souscription, billet de dames, gravé par Tardieu. Belle épreuve, rare.

1084 — Exlibris de M. de Laus de Boissy, in-8, rare.

1085 — Armoiries de Jean-François-Paul de Gondi, in-4. Belle épreuve.

1086 — Cartouche formé avec le corps d'un serpent, soutenu par un aigle. Épreuve avant toutes lettres.

ALBRIER (d'après)

1087 — Le Christ et les quatre Évangélistes, suite de cinq pièces. Très belles épreuves à l'état d'eau-forte.

ALIX

1088 — Vingt-trois pièces in-4, gravées en couleur d'après Chéry, pour les recherches sur les costumes et sur les Théâtres.

AUTHORE (A.)

1089 — Titre, en-tête et fleurons pour l'hermite de Northumberland. Dix pièces imprimées sur trois feuilles. Très belles épreuves avant la lettre, plus un fleuron double, à l'état d'eau-forte.

BASSET ET BANCE (A Paris, chez)

1090 — Testament de Louis XVI. — Testament de Marie-Antoinette. Deux pièces in-fol. en haut les portraits du Roi et de la Reine.

BAUDOUIN (d'après P.-A.)

1091 — L'Amour à l'épreuve, par Beaurvalet (E. B. 5). Superbe et très rare épreuve du premier état, avec le titre, sans aucunes autres lettres et avant le changement, toute marge. Très rare en aussi belle condition.

1092 — L'Amour frivole, par Beauvarlet (E. B. 6). Très belle épreuve, avec le titre, sans aucune autre lettre.

1093 — Les Amours champêtres, par P. P. Choffard, 1767. (E. B. 7). Très belle épreuve.

1094 — Le Fruit de l'amour secret, par Voyez Junior (E. B. 23). Très belle épreuve, marge.

1095 — La Rencontre dangereuse, par Le Veau (E. B. 40). Très belle épreuve, grandes marges.

BEAUVARLET

1096 — Les chevaliers Danois séduits par les Nymphes d'Armide. Très belle épreuve avant toute lettre.

BERTAUX (H.-G.)

1097 — Le Moment d'hilarité universelle, ou le triomphe de MM. Charles et Robert au jardin des Tuileries, le 1er décembre 1783. Belle épreuve, marge.

BINET (d'après L.)

1098 — Série de vignettes in-8, pour les œuvres de Rétif de la Bretonne. Deux cent trois pièces. Beaucoup sont avant les numéros ou avant la lettre.

BOILLY (d'après L.)

1999 — Le Cadeau délicat, par Tresca, en couleur. Très belle épreuve.

1100 — La douce impression de l'harmonie. — Suite de la douce impression de l'harmonie. Deux pièces faisant pendant, gravées par Wolff. Belles épreuves.

1101 — La Douce résistance. — On la tire aujourd'hui. Deux pièces faisant pendants, gravées par Tresca. Très belles épreuves.

1102 — L'Évanouissement, par Tresca. Très belle épreuve.

1103 — La Jardinière, par Tresca. Belle épreuve, avec marge.

1104 — Prélude de Nina, par A. Chaponnier. Belle épreuve.

1105 — Que ni est-il encore? — Défends-moi. Deux pièces gravées par Petit. Belles épreuves.

1105 *bis* — Tu saurais ma pensée. — La Leçon d'union conjugal. — Le Sommeil de l'innocence. — L'Amitié filiale, Quatre pièces gravées par Petit et Texier. Belles épreuves. une est en couleur.

BONNET

1106 — Le Pas de menuet. — L'Oiseau privé. Deux pièces gravées en couleur d'après Huet. Belles épreuves.

1107 — Le Coq secouru, gravé en couleur d'après Huet. Belle épreuve.

BOREL (d'après A.)

1108 — L'Amour puni, gravé par Avril. Très belle épreuve avant toute lettre et avant la draperie.

1109 — L'Innocence poursuivie par l'Amour, par Avril. Très belle épreuve avant la lettre et avant les draperies

BOREL (d'après)

1110 — Vignettes in-18, gravées par Halbou, Delignon, Ponce, Petit, Choffard, pour les Idylles de Berquin, 1775. Vingt-trois pièces dont deux doubles. Très belles épreuves avant la lettre, grandes marges.

1111 — Vignettes, fleurons et en-têtes de pages pour illustration. Douze pièces avant et avec la lettre. Très belles épreuves.

BORNET (d'après)

1112 — Vignettes in-18, pour Gil Blas. Cinq pièces. Très rares épreuves à l'état d'eau-forte, marges.

1113 — Vignettes in-8 et in-18, pour illustration d'ouvrage de la fin du XVIIIe siècle. Vingt-neuf pièces. Très rares épreuves à l'état d'eau-forte.

BOUCHER (d'après)

1114 — L'Attention dangereuse; gravé par Denel. Belle épreuve marge.

1115 — La Baigneuse surprise, par J. Daullé. Très belle épreuve, grande marge.

1116 — Les Grâces au bain, par Ryland. Belle épreuve.

1117 — La Musique Pastorale, par J. Daullé. Belle épreuve.

1118 — Les Présents du Berger; gravé par Lempereur. Belle épreuve.

1119 — La Souffleuse de savon. — Le Marchand d'oiseaux. — La Vandangeuse. — La Marchande d'œufs. Suite de quatre pièces gravées à la manière noire par Haid. Belles épreuves.

1120 — Vignette in-8, gravée par Cochin, pour le théâtre de Favart. Très belle épreuve.

1121 — Pastorale, et vignettes pour livres. Cinq pièces gravées par Malbeste, De Sève, Chedel et Huquier.

BOUCHER (d'après)

1122 — Raphaël et Michel-Ange, représentés en buste dans deux médaillons soutenus par des Amours, in-8, gravé par Flipart. Épreuve avant la lettre.

CABASSON (d'après)

1123 — Suite de gravures in-8, pour l'Histoire de France. Vingt-six pièces.

CARDON (Ant.)

1124 — Suite de quatre figures in-8, pour illustration d'un Livre du XVIIIe siècle. Deux suites. Très belles épreuves, grandes marges.

CARICATURES

1125 — Caricatures tirées du Bon genre et du Musée grotesque. Onze pièces.

1126 — Le foyer de Montansier. — Le grand Charlatan. Deux pièces publiées chez Chéreau.

1127 — Caricatures diverses, publiées chez Noël, Chéreau, Tessier, Martinet, etc. Vingt-trois pièces.

1128 — Effets merveilleux des bretelles. — Effets merveilleux des lacets. — Le Marchand de chansons. — Les goûts différents. — Le Concert interrompu. — Le Ménage de garçon. — Le Paquebot. — Le suprême bon ton. — Le Bal de Vincennes, etc. Seize pièces publiées chez Basset.

CHALLE (d'après M.-A.)

1129 — Le Panier renversé, gravé en couleur par E. Buisson. Superbe et très rare épreuve avant toutes lettres, marges.

1130 — Le Bât, — Le Cuvier. Deux pièces gravées par Lindor de Toulouse. Très belles épreuves.

CHAPUY

1131 — Cinq têtes de femmes avec grandes coiffures, sur une même feuille, en couleur. Très belle épreuve, rare.

CHAPUY

1132 — Maximilien de Béthune duc de Sully, in-4, en couleur, d'après Brion de la Tour. Belle épreuve.

CHARDIN (d'après)

1133 — Etude du dessein, gravé par Le Bas. Superbe épreuve. toute marge.

CHARON (A Paris, chez)

1134 — La vie d'une jolie fille à Paris, ou la paysanne pervertie. — La Vie d'un joli garçon à Paris, ou le paysan perverti. Deux pièces faisant pendants. Très belles épreuves, en couleur.

CHEVALIER (J.-A.)

1135 — Nouveau cahier de charges à l'eau-forte, — Troisième cahier de charges à l'eau-forte. Douze pièces. Belles épreuves avec marges.

CHODOWIECKI

1136 — Suite de douze figures in-18, relatives à la guerre de l'indépendance d'Amérique. Très belles épreuves, rares.

1137 — Vignettes diverses pour Don Quichotte, fleurons et en-têtes de pages. Vingt-sept pièces, en partie avant la lettre.

CHOCQUET, CHAILLIOU ET DELVAUX

1138 — Vignettes in-8 et in-12, pour illustration d'ouvrages du XVIIIe siècle. Cent onze pièces, dont plusieurs avant la lettre et à l'eau-forte.

CHOFFARD (P.-P.)

1139 — L'Impératrice Catherine II, donnant des lois à ses peuples, d'après Monnet. Belle épreuve.

1140 — Adresse de : Lattré et son épouse, pour la gravure des plans topographiques, géographiques etc, Superbe et très rare épreuve avant la lettre.

CHOFFARD (P.-P.

1141 — Encadrement ovale, formé de roses, soutenu par un nœud de rubans. Très rare épreuve avant toutes lettres.

1142 — Titre, ou composition allégorique pour une pièce de mariage. Très belle épreuve.

1143 — Frontispice du catalogue Mariette, avec son portrait, d'après Cochin, in-8, superbe et rare épreuve avant la lettre.

1144 — Tête de Page aux armes d'un cardinal. Très belle épreuve avant la lettre.

1145 — En-tête aux armes du marquis de Marigny. Très belle épreuve avant le texte au verso.

1146 — Titre pour un ouvrage grand in-fol. Très belle épreuve.

1147 — Louis XV, vignette tête de page pour le Traité des horloges marines. In-4. d'après Cochin. Très rare épreuve avant la lettre, grande marge.

1148 — La Peinture tenant sa palette, assise et montrant des armoiries, avec attributs divers, en-tête pour un livre in-4, fleurons et en-tête divers. Trois pièces.

1149 — Entourage d'une vignette des Métamorphoses d'Ovide. Très rare épreuve tirée avant que le sujet ait été gravé dans le milieu.

1150 — Ex Libris de Buissy. — Ex Libris de Salis. Deux pièces in-12 et in-18. Belles épreuves, rares.

1151 — Fleurons et en-tête de pages pour les Préjugés militaires du prince de Ligne. Six pièces. Très belles épreuves, dont trois avant la lettre et une à l'eau-forte.

1152 — Fleurons et en-tête pour les Œuvres de Rousseau, les Contes de La Fontaine, etc. Dix pièces. Très belles épreuves avant la lettre.

1153 — Fleurons pour l'Histoire de la maison de Bourbon, de Desormeaux. Dix pièces. Très belles épreuves avant la lettre.

CHOFFARD (P.-P.)

1154 — Quatre pièces pour le même livre. Très rares épreuves à l'état d'eau-forte.

1155 — Fleurons et en-tête de pages pour le Voyage pittoresque de la Grèce, et Voyage à Naples de Saint-Non. Cinq pièces avant la lettre, dont une double, à l'eau-forte.

1156 — Livre d'écussons et cartels. Sept pièces dont une double. Très belles épreuves.

CHOFFARD ?

1157 — Titre de livre, avec fleuron aux armes d'une reine de France. Superbe épreuve avant toute lettre.

COCHIN (d'après C.-N.)

1158 — Vue perspective de la décoration élevée sur la terrasse du château de Versailles, pour l'illumination et le feu d'artifice qui a été tiré à l'occasion de la naissance de Monseigneur le duc de Bourgogne, le 30 décembre 1751. Très rare épreuve à l'état d'eau-forte.

1159 — Les Quatre Ages de la vie. Suite de quatre pièces gravées par Cochin, Schmidt, Dubos et Bauvais. Belles épreuves.

1160 — Psyché changée en négresse, gravée à l'eau-forte, par Saint-Aubin, et terminée par Le Veau. Très belle épreuve avant la lettre.

1161 — Solennité des mariages, gravé par Tardieu. Très belle épreuve. Rare.

1162 — Le Temps découvre les talents; gravé par Soubeyran. Deux épreuves, dont une avant la lettre.

1163 — Billets de bals. Quatre pièces.

1164 — Trois vignettes in-4, gravées par Duclos, Saint-Aubin et J. Dambrun, pour la Jérusalem délivrée. Très belles épreuves, dont deux avant la lettre.

COCHIN (d'après C.-N.)

1165 — En-tête de pages pour des oraisons funèbres; gravés par Prevost. Cinq pièces. Très belles épreuves avant la lettre; une est double avec légende.

1166 — Vignette-frontispice pour les fastes d'Ovide, gravé par Gaucher. Belle épreuve avec marge.

1167 — Vignette in-12 pour frontispice des Étrennes lyriques, 1787, gravée par Gaucher. Cinq épreuves de cette pièce, d'états différents, eau-forte, avant la lettre terminée, et avec la lettre. Très belles épreuves.

1168 — Vignettes grand in-4, par Trière, Ingouf, etc., pour les Œuvres de Rousseau. Très belles épreuves avant la lettre.

1169 — Une figure de la même collection, pour les mêmes œuvres, avec la réduction in-8. Deux pièces. Très rares et belles épreuves à l'état d'eau-forte.

1170 — Frontispice de l'Encyclopédie, — Vignettes pour la Description de la France, pour l'Histoire de France, du président Hénault, etc. Dix pièces, dont quatre à l'eau-forte.

1171 — Vignette in-8 et in-4, pour les Œuvres de Rousseau. Douze pièces. Très belles épreuves.

1172 — Vignettes, fleurons et en-tête pour l'Histoire de France, du président Hénault, — Télémaque, — Les Œuvres de Térence, — L'Agriculture, poème de Rosset, — Le Lutrin de Boileau, etc. Soixante-dix-huit pièces avant et avec la lettre, et eaux-fortes. Sera divisé.

1173 — Fleurons et en-tête pour l'Art de la guerre, — Les Œuvres de J. B. Rousseau et le Président Hénault. Cinq pièces. Très belles épreuves avant la lettre.

COLIN (d'après)

1174 — Vignettes in-8, gravées par Rubierre, Blanchard, Pauquet, etc., pour Faublas, Roland furieux, Gérard de Nevers, les Orientales, etc. Vingt et une pièces. Très belles épreuves, dont seize avant la lettre, ou à l'eau-forte.

COOK (d'après)

1175 — Belle réunion de vignettes in-8 et in-18, pour illustration d'auteurs anglais, publiées de 1810 à 1825. Quatre-vingts pièces. Belles épreuves. Beaucoup sont sur chine, et plusieurs sont avant la lettre.

COYPEL (d'après Ch.)

1176 — Fleurons et en-têtes de pages gravés par Benoît Audran, et B. Picart, pour un Dictionnaire de peinture et de commerce, etc. Onze pièces. Belles épreuves tirées avant le texte au verso.

1177 — Vignette-frontispice, gravé par Tardieu, pour les Fables de Lamotte, in-4. Belle épreuve.

COYPEL (d'après), ET OUDRY

1178 — Suite de vingt-deux gravures in-fol., par divers graveurs, pour l'Histoire de Don Quichotte. Quatorze gravures in-fol., dessinées et gravées par J. B. Oudry, pour l'Histoire de Ragotin. En tout, trente-six pièces reliées en un vol. in-fol. Très belles épreuves. Marges.

1179 — Trois pièces doubles de la collection précédente, pour Don Quichotte. Très belles épreuves, dont deux avant la lettre.

DEBUCOURT (P.-L.)

1180 — L'Orange, ou le Moderne jugement de Pâris. Très belle épreuve. Grande marge.

1181 — La Coquette et ses filles, ou une Mère à la mode. Superbe épreuve, toute marge.

1182 — Feu d'artifice à l'Arc de Triomphe de l'Étoile, — Illumination de la grande cascade de Saint-Cloud. Deux pièces en couleur faisant pendant, Belles épreuves.

DE NON

1183 — Portrait de la princesse de Lamballe, in-4. Belle épreuve. Marge.

DESENNE (d'après A.)

1184 — Belle réunion de vignettes pour illustration des Œuvres de Molière, Voltaire, Racine, Lamartine, Walter Scott, Legouvé, Demoustier, La Fontaine, Boufflers, Colardeau, Byron, Bernardin de Saint-Pierre, Cervantès, etc., Trois cent quarante pièces. Très belles épreuves. Beaucoup sont avant la lettre ou à l'eau-forte.

DESFRICHES (d'après)

1185 — Les Bords du Loiret. Suite complète de douze petits paysages imprimés à quatre sur une même feuille, gravés par C. Campion. Très belles épreuves, avec marge.

1186 — Les Bords de la Loire, — Les Quatre Heures du jour. Huit pièces imprimées à quatre sur une même feuille, gravées par Campion. Très belles épreuves, avec marges.

DESMAISONS (d'après)

1187 — Jeune homme et jeune fille au pied de la statue de l'Amour, gravé par L. T. Chenu, femme Desmaisons. Très jolie vignette décorant le haut d'une lettre de faire part de mariage. Très belle épreuve, avec marge. Rare.

DESRAIS (d'après)

1188 — Le Couronnement de Voltaire, gravé par Dupin. Très belle épreuve, avec marge.

1189 — La même estampe. Très belle épreuve.

1190 — Frontispice pour la Henriade, en haut le portrait de Voltaire, gravé par Duflos. Très belle épreuve. Marge.

1191 — Cinquante portraits médaillons, imprimés sur deux feuilles. Belles épreuves.

1192 — Deux suites de douze vignettes in-18, pour des petits almanachs de la fin du XVIIIe siècle. Belles épreuves avant la lettre.

1193 — Vignettes in-8 et in-18, pour les Confessions du comte de ....., — Les Contes de La Fontaine, etc. Treize pièces avant et avec la lettre.

DEVERIA (A.)

1194 — Vignettes in-8 et in-18, pour illustration des œuvres du comte de Sarazin, — Don Quichotte, — La Henriade. — Les Mille et une Nuits, — La Pucelle, — Les Œuvres de Rousseau, Legouvé, etc. Cent soixante-dix pièces avant et avec la lettre. Très belles épreuves, en grande partie sur chine.

DIVERS

1195 — Vignettes d'après Moreau, Cochin et autres. Vingt pièces avant la lettre.

1196 — Vignettes in-8 et in-18, d'après Lefèvre, Le Bouteux, Chodowiecki, Eisen, Regnault, Borel, Moreau, Le Barbier, Marillier, Lafitte, Monnet, Mlle Gerard, Chaillou, Chaudet, etc. Soixante-cinq pièces avant et avec la lettre.

1197 — Vignettes, portraits et ornements, d'après Marillier, Desrais, Desenne, Huet, etc. Cent pièces.

1198 — Vignettes et fleurons, par Devéria, Desenne, Raffet, Johannot, etc. Trente pièces avant et avec la lettre.

1199 — Vignettes, d'après Moreau, Cochin, Marillier, Gravelot, Saint-Aubin, etc. Soixante pièces.

1200 — Un volume in-fol. oblong, contenant des dessins, gravures et lithographies, Environ quatre-vingt-cinq pièces.

1201 — Un vol. renfermant cent quatre-vingt-huit vignettes, d'après Marillier, Lebarbier, A. Kauffmann et autres.

1202 — Sous ce numéro, il sera vendu, par lots, un grand nombre de vignettes françaises et anglaises pour illustrations d'auteurs des XVIIIe et XIXe siècles.

DROUAIS (d'après F.-H.)

1203 — Les Enfants du roi de Sardaigne, par Melini. Belle épreuve avant toute lettre.

DUGIS (d'après)

1204 — Vignettes in-8, gravées par Pauquet, pour la Jérusalem délivrée. Sept pièces, avant la lettre et eaux-fortes.

DUCLOS (d'après A.-J.)

1205 — Le Délire, gravé par Deny. Très belle épreuve, rognée et remargée.

DUPLESSIS-BERTAUX

1206 — Séparation de Louis XVI d'avec sa famille. Très rare épreuve, à l'état d'eau-forte.

1207 — Entrée de S. M. le roi Louis XVIII à Paris. Très rare épreuve, avant toutes lettres, à l'état d'eau-forte, marge.

1208 — Silvain, scène VI, — Silvain, scène XV et dernière. Deux pièces, faisant pendant, gravées par M... Belles épreuves.

1209 — Tableaux de la Révolution française. Trente-huit pièces. Superbes épreuves avant la lettre, beaucoup sont à toutes marges.

1210 — Tableaux de la Révolution, campagnes d'Italie, costumes, etc. Dix-neuf pièces. Très rares épreuves, en partie à l'état d'eau-forte.

1211 — Sujets de divers genres, composés et gravés à l'eau-forte par J. Duplessis-Bertaux. Vingt-six pièces.

1212 — Estampes tirées des campagnes d'Italie. Trente et une pièces. Très rares épreuves, à l'état d'eau-forte.

DUPLESSIS-BERTAUX ET LEVACHEZ

1213 — Portraits des personnages de la Révolution française, tirés des tableaux de la Révolution. Quarante-six portraits reliés en un vol. in-fol.

EARLOM (R.)

1214 — La Forge, d'après Wright. In-fol. en manière noire. Très belle épreuve avant la lettre.

ÉCOLE FRANÇAISE DU XVIIIe SIÈCLE

1214 *bis* — Encadrement pour le portrait d'un roi de France; en bas, les lettre A. P. D. R. In-8. Très rare épreuve avant toutes lettres.

1215 — Compositions diverses. Seize pièces, en grande partie à l'état d'eau-forte.

1216 — Sous ce numéro, il sera vendu, par lots, un grand nombre de gravures en noir et en couleur, d'après les principaux maîtres de cette école.

1217 — Un lot d'estampes, d'après Moreau, Lavreince, Fragonard, Loutherbourg, etc. Quinze pièces. Plusieurs sont avant la lettre et l'eau-forte.

EISEN (d'après Ch.)

1218 — L'Amour européen. — L'Amour asiatique. Deux pièces, faisant pendant, gravées par F. Basan. Superbes épreuves, grandes marges.

1219 — Le Concert champêtre, par de Longueil. Très belle épreuve, avant toutes lettres, grande marge.

1220 — Les Moissonneurs, gravé par Petit. In-4. Belle épreuve.

1221 — Le Tric-Trac, gravé par J.-P. Le Bas. Très belle épreuve, marge.

1222 — La Cueillette, par de Longueil. Rare épreuve à l'état d'eau-forte.

1223 — Un Jeune Seigneur et une Jeune Fille faisant sauter une poupée, gravé par de Longueil. Superbe épreuve, grandes marges.

1224 — Titre pour : Les Sens, gravé par de Longueil. Très belle et rare épreuve, avant la lettre. Rare.

1225 — Titre pour : Le Joujou des demoiselles, gravé par N. Le Mire. In-8. Belle épreuve, avec marge.

1226 — Une vignette en-tête de page, gravée par Ponce, pour Adonis. Très rare épreuve, avant la lettre, marge.

EISEN (d'après Ch.)

1227 — En-tête de pages et fleuron, pour Tharcis et Zélie. Sept pièces. Très belles et rares épreuves, avant la lettre.

1228 — Deux pièces doubles des précédentes. Très rares épreuves à l'état d'eau-forte, plus une pièce double terminée, avant la lettre.

1229 — En-têtes de pages, pour l'Histoire des Guerres civiles de France et autres. Dix-neuf pièces. Très belles et rares épreuves, avant la lettre.

1230 — Quatre gravures in-8, gravées par de Longueil, pour les Idylles polonaises. Très belles épreuves, marges.

1231 — Vignettes in-8 et in-4, pour les œuvres de Raynal et les Chefs-d'Œuvre dramatiques de Marmontel. Cinq pièces. Très belles épreuves avant la lettre.

1232 — Quatre pièces doubles des précédentes. Très rares épreuves à l'état d'eau-forte.

1233 La Christiade, suite de vingt-cinq figures, dont un frontispice et douze en-tête, gravées par Le Mire. Belles épreuves.

1234 — Fleurons, en-tête et vignettes, pour les Quatre Parties du jour, Lucrèce, Parny, Les Baisers, Les Contes de La Fontaine. Trente-huit pièces. Très rares épreuves avant la lettre, ou à l'eau-forte.

1235 — Vignettes, fleurons, en-tête de pages et titres, pour l'Éloge de la Folie, Christiade, Irza et Marsis, Les Géorgiques, Anacréon, Ovide, Les Contes de La Fontaine, Zélis au bain, etc. Cent quarante et une pièces avant et avec la lettre. Très belles épreuves.

1236 — Vignettes diverses, gravées par Massard, Ponce, de Longueil, Le Grand, Bauvais et autres. Vingt pièces.

EISEN et **WILLE** (d'après)

1237 — Deux en-tête, gravés par de Longueil, pour Les Sens, Très belles épreuves avant la lettre.

EISEN, COCHIN, MONNET, MARILLIER, CHOFFARD

1237 *bis* — Vignettes, fleurons, en-tête, portraits, etc., pour L'Histoire des Indes, La Bible, Thibule, Gallus, Voyage de Saint-Non, Chefs-d'Œuvre dramatiques de Marmontel, Étrennes lyriques, Télémaque, etc. Vingt-huit pièces. Très rares et belles épreuves avant la lettre, ou à l'eau-forte.

FIELDING (N.)

1238 — Six sujets de chasse, gravés à l'eau-forte. Épreuves sur chine.

FORTIN (d'après)

1239 — Vignettes, en-tête de pages, gravées par Girardet, pour les Œuvres de Boileau, édition in-fol. Cinq pièces. Très belles épreuves avant la lettre.

FRAGONARD (d'après H.)

1240 — Le Contrat, gravé par Blot. Superbe épreuve, avec le titre et les noms d'artistes à la pointe, sans aucunes autres lettres, grandes marges.

1241 — S'il m'était aussi fidèle, par Ruotte. In-fol. en hauteur. Très belle épreuve avant la lettre.

1242 — Jeune Mère faisant monter son enfant sur un chien, gravé par Mlle Gérard. Très belle épreuve, marges.

FREUDEBERG (d'après)

1243 — Le Petit Jour, par de Launay. Très belle épreuve en couleur, marge.

1244 — Les Confidences. Réduction in-8. Très rare épreuve avant toute lettre.

1245 — Les Mœurs du Temps, par Ingouf l'aîné. Très belle et rare épreuve de la planche non encore réduite, avec la bordure, grandes marges.

1246 — La Soirée d'hiver, par Ingouf. Très belle épreuve avant le numéro.

FREUDEBERG (d'après)

1247 — Vignettes in-8, pour L'Heptaméron français. Cinq pièces. Belles épreuves, marges.

GAUCHER

1248 — Apollon remettant sa lyre aux Grâces. In-12, d'après Bornet. Très rare épreuve avant la lettre, les noms des artistes à la pointe.

1249 — Vignettes in-8 et in-18, pour Les Mois de Roucher, Les Œuvres de Gail, de Dussieux, de Piis, Guillaume Tell, etc. Vingt-trois pièces avant la lettre et eaux-fortes. Très belles épreuves.

GAVARNI

1250 — Les Maris vengés. Suite de dix-sept pièces. Très belles épreuves.

1251 — Fourberies de femmes, — Vie de jeune homme, — Paris le soir, — Les Débardeurs, — Le Carnaval, — Les Enfants terribles, — Les Actrices, — Les Étudiants de Paris, etc., etc., 223 pièces. Seront vendus par suite.

GÉRARD (d'après Mlle)

1252 — Je M'occupais de vous, — L'Indécision. Deux pièces gravées par Vidal et H. Gérard. Belles épreuves, une est avant la lettre.

GIRARDET (A.)

1253 — Regrets de la famille royale des Bourbons sur le tombeau de Louis XVI. Pièce de forme ronde. Très belle épreuve.

1254 — Journée du Champ de Mai, année 1815. Très belle épreuve avant toutes lettres. Marge.

GIRODET (d'après)

1255 — Vignettes in-8, gravées par Simonet, Leroux, H. Dupont, Laugier et Roger. Neuf pièces, dont sept avant la lettre et une à l'eau-forte.

GIRODET ET VILLERY

1256 — Vignettes in-8 et in-4, gravées par Laugier, Dupont, Muller, Massard, Pauquet, Queverdo, Leroux, Rein, Roger, etc. 26 pièces avant la lettre et à l'eau-forte. Très belles épreuves, en partie sur chine.

GRANDVILLE

1257 — Suite de deux-cent-trente figures, gravées sur bois pour illustrer les Fables de La Fontaine. Très belles épreuves sur chine.

1258 — Suite de cent-soixante-dix-sept figures en-tête de pages pour illustrer les Fables de La Fontaine. Très belles épreuves sur chine.

1259 — Trente-quatre pièces, gravées sur bois, pour les Animaux peints par eux-mêmes.

GRAVELOT (d'après H.)

1260 — Jeux d'enfants, représentés dans des cartouches ornementés, à deux sujets sur une même feuille. Suite de six pièces numérotées. Très belles épreuves.

1261 — La Galerie du Palais, gravé par N. Lemire. Très belle épreuve.

1262 — Fleurons pour le Décameron de J. Boccace. Quatorze pièces avant le texte au verso.

1263 — Vignettes, fleurons et en-tête pour la géographie de Danville, Boccace, l'Anthologie française, la Nouvelle Héloïse, etc. Seize pièces avant la lettre et eaux-fortes. Très belles épreuves.

1264 — Vignettes in-8 et in-4, fleurons, etc., pour les œuvres de Corneille, de Racine, de Voltaire, etc. Quatre-vingt-cinq pièces avant et avec la lettre. Très belles épreuves.

GRAVELOT ET COCHIN

1265 — Vignettes in-8, gravées par Choffard, Lemire, de Longueil, etc., pour la Nouvelle Héloïse. Dix pièces. Belles épreuves, remargées.

GRAVELOT, EISEN ET COCHIN (d'après)

1266 — Suite de cent-dix figures et un frontispice, pour le tome Ier des Œuvres de Boccace. 5 vol. in-8, 1757. Superbes épreuves de premier tirage, remargées, de format grand in-8.

GREUZE (d'après J.-B.)

1267 — La Fille confuse, par Ingouf. Très rare et belle épreuve à l'état d'eau-forte, plus une épreuve avec la lettre. Deux pièces.

1268 — Jeune Fille lisant, gravé par Marie-L.-A. Boizot. Belle épreuve. Marge.

1269 — La Paix du ménage, — La Bonne éducation. Deux pièces faisant pendant, gravées à l'eau-forte par Moreau et terminées par Ingouf. Belles épreuves.

1270 — La Petite Fille au capucin, par Ingouf. Belle épreuve.

1271 — La Philosophie endormie, gravé par Moreau et Aliamet. Superbe épreuve avec une grande marge.

1272 — Le Silence, par L. Cars et Cl. Donnat-Jardinier. Très belle épreuve, avant toutes lettres.

GUILLAUMOT (A.)

1273 — Costumes du Directoire, tirés des Merveilleuses, d'après les dessins de Lacoste et Draner. Onze pièces. Epreuves sur chine.

GUYOT

1274 — Cartouche ornementé pour l'adresse de Guyot, maître d'écriture, dessiné et gravé par lui en 1772. Très belle et rare épreuve avant toutes lettres, avec marge. Rare.

HARRIET (d'après)

1275. — Le 31 mai 1793. Grande composition in-folio en largeur, gravée en couleur par Tassaert. Très belle épreuve. Rare.

INGOUF l'aîné (d'après)

1276 — Zémire et Azor, gravé par Ingouf jeune. Belle épreuve avec marge.

JACQUES (Ch.)

1277 — Suite de vingt-une vignettes en-têtes et titres, gravés à l'eau-forte, pour la Pléiade. Très belles épreuves sur chine. La planche de griffonnis est très rare.

JANINET (F.)

1278 — Aux mânes de J.-J. Rousseau, in-4 en couleur. Très belle épreuve, marge.

1279 — Titre pour le recueil de : Vues pittoresques des principaux édifices de Paris. En couleur. Très belle épreuve, marge.

JEAURAT (d'après)

1280 — La Jeunesse, par Lépicié. Très belle épreuve, grande marge.

1281 — L'Éplucheuse de salade, par Beauvarlet. Très belle épreuve, marge.

1281 *bis.* — Les Quatre Heures du jour, suite de quatre pièces gravées par Balechou. Belles épreuves.

JOHANNOT (A. et T.)

1282 — Vignettes in-8 pour Werther, Rousseau, les œuvres de Delille, la Passion de Jésus-Christ, Walter Scott, C. Delavigne, Lafontaine, etc. Quatre-vingt-dix-huit pièces avant et avec la lettre. Très belles épreuves, en grande partie sur chine.

JOHANNOT et DEVERIA

1283 — Vignettes pour les œuvres de Delille, Gœthe, Demoustier, Rousseau, Foë, etc. Cinquante pièces avant et avec la lettre.

JULIEN (d'après)

1284 — Les Réflexions bachiques, par N. Pruneau. Belle épreuve avec marge.

LAFITTE ET **FRAGONARD** fils (d'après)

1285 — Vignettes pour illustrer les œuvres de Destouches et sujets divers. Trente-une pièces. Plusieurs sont avant la lettre.

LALAUZE

1286 — Suite complète de dix figures gravées à l'eau-forte pour les Cent Nouvelles nouvelles, publiées par Jouaust. Belles épreuves.

1287 — Portraits et vignettes, gravures pour illustrations de catalogues de vente, le tout en épreuves d'essai à l'eau-forte pure, avec remarques ou avant la lettre, dont le détail suit :

PORTRAITS.

1	Mme Marie-Laurent	1 épreuve.
2	Mlle Samary	3 épreuves.
3	Mlle Broisat	3 —
4	Piron	1 —
5	Bertin	1 —
6	Gluck	4 —
7	Spontini	4 —
8	Meyerbeer	6 —
9	Mathieu de Montreuil	2 —
10	Rossini	5 —
11	Lulli	3 —
12	Racine	4 —
13	Corneille	1 —
14	Le comte de Lisle	2 —
15	Sedaine	1 —
16	La Morlière	1 —
17	Montcrif	2 —
18	Campra	5 —
19	Vadé	4 —
20	Rameau	6 —

SUJETS.

21 La Salle de lecture de la Bibliothèque nationale. 5 épreuves.
22 Vignette-frontispice pour les œuvres de M. de Montreuil. . . . . 5 —
23 Vignette-frontispice pour le même auteur. 8 —
24 Bibliothèque de J. Janin. . . . . 6 —
25 Vignette-frontispice. . . . . 5 —
26 Avril, — Les bords de la Loire et du Loiret. 4 —
27 Les Fausses Envies, — Voyage à Paphos, — Les Villanelles, etc. Douze sujets différents. . 26 —
28 Gravures d'après Prudhon, Teniers, Lépicié, Corot, Boucher, Rousseau, Meissonnier, Freudeberg, Courbet, Couture, Murillo, Velasquez, etc., pour illustrations de catalogues de ventes. Pièces gravées à l'eau-forte.
par Lefort, Courtry, Le Rat, Lalauze, etc. . . . 73 —
Ce dernier lot pourra être divisé.

LAMI ET H. MONNIER

1288 — Voyage en Angleterre. Suite de vingt-quatre planches coloriées, avec texte, en livraisons.

LANCRET (d'après N.)

1289 — Conversation galante, par Le Bas. Belle épreuve.

1290 — Le Philosophe marié, par C. Dupuis. Belle épreuve.

1291 — Le Faucon, par De Larmessin. Très belle épreuve avant l'adresse de Buldet, marge.

1292 — On ne s'avise jamais de tout, par De Larmessin. Très belle épreuve avant l'adresse de Buldet, grande marge.

1293 — La Servante justifiée, par De Larmessin. Très belle épreuve avant l'adresse de Buldet.

1294 — Les Troqueurs, par De Larmessin. Très belle épreuve, grande marge.

LANDELLE (A Paris, chez)

1295 — L'Arrivée du Modelle, en couleur. Très belle épreuve, marge.

LAVREINCE (d'après N.)

1296 — La Consolation de l'absence, par N. de Launay (E.-B., 14). Très belle épreuve avec la tablette blanche et avant la dédicace.

LE BARBIER (d'après)

1297 — Naissance du Dauphin, allégorie, gravé par Pélicier, in-folio. Très rare épreuve à l'état d'eau-forte.

1298 — Fleurons pour un livre sur les médailles. Trente-deux pièces. Très belles épreuves avant la lettre, grandes marges.

1299 — Vignettes in-8, pour Arsace et Isménie, — Les Lettres d'une Péruvienne, — Le Roman comique, etc. Dix-sept pièces. Très belles épreuves.

1300 — Vignettes in-8 et in-18, pour le Roman comique. — Arsace et Isménie, — Lettres d'une Péruvienne, — Berquin, — Gessner, — Piis, — La Jérusalem délivrée, etc. Quatre-vingt pièces avant la lettre et eaux-fortes. Très belles épreuves.

LE BARBIER ET LEBOUTEUX (d'après)

1301 — Vignettes in-8, pour les trois derniers volumes des Chansons de Laborde. Vingt-deux pièces. Très-belles épreuves, plusieurs ont de grandes marges.

1302 — Regrets de Pétrarque, gravé par Masquelier, d'après Lebarbier, pour les Chansons, tome III, page 110. Très rare épreuve à l'état d'eau-forte.

1303 — Le Printemps, ou la Volière, gravé par Née, d'après Le Bouteux, pour les Chansons, tome II, page 3. Très rare épreuve à l'état d'eau-forte.

LE BARBIER ET LEBOUTEUX (d'après)

1304 — Portrait de Mme de Laborde, en buste, posée sur un chevalet; en face, son mari, assis, la regarde. Gravé par Masquelier, d'après Le Bouteux, pour les Chansons. Très belle épreuve avant le numéro, toute marge.

LEBRUN (Galerie)

1305 — Estampes tirées de la Galerie des Peintres flamands et hollandais, publiée par Lebrun. Quarante pièces. Superbes épreuves avant la lettre.

LEMPEREUR

1306 — Le Jardin d'amour, d'après Rubens. Très belle épreuve avant toutes lettres.

LEPEINTRE (d'après C.)

1307 — Le Duc de Chartres, sa Femme et ses Enfants, gravé par A. de Saint-Aubin et H. Helman, 1779. Très belle épreuve avant la lettre.

LÉPICIÉ

1308 — Le Jeu de Piquet, d'après G. Netscher. Belle épreuve avec marge.

LESPINASSE ET LALLEMAND (d'après)

1309 — Vues de : Saint-Cyr, — Montmorency, — Aqueduc d'Arcueil, — Jardin anglais, — Vue des environs de Clermont, — de la ville et château de Versailles, — de Trianon, etc. Quatorze pièces tirées de la description de la France, de de Laborde. Superbes épreuves avant la lettre, grandes marges.

1310 — Vues de Versailles, — de la Pompe à feu, prise du Gros-Caillou, — de la Halle aux veaux. Cinq pièces tirées de la Description de la France, par de Laborde, et gravées par Née et Liénard. Superbes épreuves à l'état d'eau-forte, marges.

1311 — Vues du Palais-Bourbon, — Vue générale du Pont-Neuf, — de la Place Louis XV. — Hôtel des Monnaies, —

Pont de la Tournelle, — Café turc, — Charenton. Huit pièces gravées par Née, Masquelier, Niquet, etc., font partie du même ouvrage que celles du numéro précédent. Superbes et rares épreuves avant la lettre, marges.

MALLET (d'après)

1312 — Par ici!..., gravé par Copia. Très belle épreuve, marge.

MARILLIER (d'après)

1313 — Les Illustres Français, ou Tableaux historiques des grands hommes de la France, gravés par Ponce. Vingt-sept pièces de ce livre, reliées en un vol. in-fol. demi-rel. mar. bleu.

1314 — Vingt-huit pièces du même livre. Très belles épreuves, grandes marges.

1315 — En-têtes de pages, avec portraits, pour le Parnasse des Dames. Six pièces. Très rares épreuves avant la lettre, dont cinq avec grandes marges.

1316 — Deux pièces doubles des précédentes. Très belles épreuves avant la lettre.

1317 — Vignette in-8, gravée par Le Beau, pour le Faux Ibrahim, conte arabe. Très belle épreuve avant la lettre.

1318 — Vignettes in-8, pour la Bible, la Pucelle, le Parnasse des Dames, le Faux Ibrahim, le Théâtre du Monde, etc. Tente pièces avant la lettre et eaux-fortes. Très-belles épreuves.

1319 — Vignettes, fleurons et en-tête, pour le Théâtre du Monde, les Fables de Dorat, les Œuvres de Pope, le Parnasse des Dames, la Secchia Rapita, l'Agriculture, etc. Trente-deux pièces avant la lettre et eaux-fortes. Très belles épreuves. Rares.

1320 — Vignettes in-18, avec titre, pour les Œuvres de Gessner, édition Cazin. Six pièces. Superbes épreuves, toutes marges.

MARILLIER (d'oprès)

1321 — Vignettes in-18, pour les Idylles et Chansons de Berquin, les Noëls bourguignons, etc. Douze pièces. Très rares épreuves avant la lettre.

1322 — Vignettes in-18, gravées par de Launay, pour les éditions Cazin. Quinze pièces. Très belles épreuves, plusieurs sont avant la lettre.

1323 — Vignettes in-18, pour la Pucelle, de la suite dite anglaise; chants I, II, III, IV, X, XI, XII, XIII, XIV, XV, XVI, XVII. Soixante-huit épreuves avant la lettre, de ces douze pièces, plus quatre épreuves avec la lettre.

1324 — Vignettes in-8, pour les Voyages imaginaires, le Cabinet des Fées, les Œuvres de l'abbé Prevost, de Lesage, etc. Quarante et une pièces. Très rares épreuves à l'état d'eau-forte.

1325 — Sept pièces de la même collection. Très rares épreuves avant la lettre.

1326 — Vignettes in-8, pour les Voyages imaginaires, le Cabinet des Fées, etc. Cent une pièces. Très belles épreuves avant la tomaison, dans le haut de la gravure, à droite, marges.

1327 — Quinze pièces de la même collection. Très belles épreuves du même état, toutes marges.

1328 — Vingt-huit pièces de la même collection. Très belles épreuves du même état.

1329 — Cent quarante-huit pièces de la même collection. Très belles épreuves.

1330 — Vignettes diverses et titres. Quarante et une pièces. Belles épreuves.

MARILLIER ET EISEN (d'après)

1331 — Fleurons et en-tête de pages, pour les Œuvres de d'Arnaud, Vingt-quatre pièces. Très belles et rares épreuves avant la lettre, une est à l'état d'eau-forte.

MARILLIER ET EISEN (d'après)

1332 — Cinq pièces doubles du numéro précédent. Très rares épreuves avant la lettre.

1333 — Vignettes in-8, pour les Œuvres de d'Arnaud. Vingt-quatre pièces. Très belles épreuves, dont une à l'eau-forte.

MARTINET

1334 — Cartouche ornementé, pour le Répertoire des Spectacles de la cour. Très belle épreuve avant la lettre.

MASQUELIER (L.)

1334 *bis* — En-tête de page aux armes du marquis de Marigny, gravé par D. Néc, pour un livre sur les beaux-arts. Épreuve avant la lettre.

MASQUELIER?

1335 — Mort de Pouple, chirurgien de M. de Voltaire. Très belle épreuve, avec marge. Rare.

MENY

1336 — Le Galant Jardinier, — La Belle dormeuse. — Deux pièces in-8, faisant pendant. Très belles épreuves, grandes marges.

MIXELLE

1337 — Le Roman, d'après Garneret. Très belle épreuve. Rare.

MONNET (d'après)

1338 — Vignettes, titres et en-tête, pour la Pucelle, le Temple de Gnide, les Confessions, la Dunciade, Histoire universelle, etc. Trente-cinq pièces. Très belles épreuves, en grande partie avant la lettre ou à l'eau-forte.

MONNET, MONSIAU ET QUEVERDO (d'après)

1339 — Vignettes in-8 et in-4, fleurons pour les Œuvres de Voltaire, Daphnis et Chloé, etc. Vingt pièces avant et avec la lettre. Belles épreuves.

MONSIAU (d'après)

1340 — Vignettes pour la Pucelle, les Métamorphoses d'Ovide, — fleuron d'après Huet, gravé par Le Roy, pour la Secchia Rapita, etc. Trente et une pièces, dont plusieurs avant la lettre.

MONNIER (H.)

1341 — Récréations. Suite de dix pièces publiées à Londres.

1342 — Les Grisettes, — Répertoire du théâtre de Madame, — Mœurs administratives, etc. Trente-huit pièces.

1343 — Récréations. Un titre et vingt-cinq feuilles lithographiées à la plume, et coloriées au pinceau. Très belles épreuves.

MOREAU (d'après L.-G.)

1344 — Vue du château de Vincennes, près Paris, gravé par Élise Saugrain, sous la direction de Moreau. Belle épreuve.

1345 — Vue du jardin de Monceau, gravé par Élise Saugrain, en 1785. Très belle épreuve avant la lettre, marge.

MOREAU (J.-M.)

1346 — Portrait de J.-M. Moreau le jeune, gravé par Saint-Aubin, d'après Cochin. In-8. Très belle épreuve, marge.

1347 — J.-M. Moreau, Carle et Joseph Vernet, représentés sur une même feuille, lithographie par Mme Fanny Vernet, née Moreau. Belle épreuve. Rare.

1348 — Deux gravures in-8, dont une d'après Greuze, pour Orlando furioso, 1773 (2). Très belles épreuves avant la lettre, plus une double, avec différence.

1349 — Fleuron de titre et vignette-frontispice, pour Guillaume de Nassau, ou la Fondation des Provinces-Unies, poème, par Bitaubé, 1775 (8). Très belles épreuves avant la lettre. La vignette-frontispice est double, à l'état d'eau-forte.

1350 — Le Bon Militaire, par M. de Boussanelle. Titre (9). Belle épreuve.

MOREAU (J.-M.)

1351 — Titre pour : Il Torracchione desolata, de Bartolomeo Corsini, qui n'a pas été publié (13). Très belle épreuve avant toutes lettres.

1352 — Têtes de pages d'après Cochin pour : Nouvel abrégé chronologique de l'histoire de France, par le président Hénault, 1768 (18 et 19). Quatre pièces. Belles épreuves avant la lettre.

1353 — Culs-de-lampe allégoriques pour : Nouvel abrégé chronologique de l'histoire de France, par le président Hénault. Six pièces. Belles épreuves avant la lettre.

1354 — Titres pour le Jugement de Pâris et Historiettes ou nouvelles en vers par Imbert (21 et 22). Trois pièces dont une double.

1355 — Portail de la cathédrale d'Orléans, d'après Drouard. In-8. Belle épreuve.

1356 — La foire de Gonesse, pour les chansons de La Borde (25). Epreuve avant la lettre, remargée.

1357 — Vignettes In-8, pour les chansons de La Borde (25). Sept pièces.

1358 — Fleuron pour un ouvrage inconnu (37). Belle épreuve avant la lettre, marge.

1359 — Appareils pour redresser les têtes. Pièce gravée à l'eau-forte (39). Très belle épreuve, rare.

1360 — Tête de page d'après Desève (41). Très belle épreuve avant la lettre.

1361 — La Vrillière (Louis Phelypeaux, duc de), d'après Hall (50). Très belle épreuve, marge.

1362 — Papillon de la Ferté (Denis P. J.). intendant des Menus plaisirs (54). In-4. Belle épreuve.

1363 — Pineau (Dominique), sculpteur, d'après Mérelle (55). Très belle épreuve du deuxième état, avec le nom du personnage sur la tablette blanche.

MOREAU (J.-M.)

1364 — Le même portrait. Très belle épreuve, toute marge.

1365 — Ouverture des états généraux à Versailles, le 5 mai 1789. — Constitution de l'Assemblée nationale le 17 juin 1789. Deux pièces, une est du premier état, avec les noms des députés au bas de la composition. Belles épreuves.

1366 — Feuille de croquis à l'eau-forte (84). Très belle épreuve rare.

1367 — Tombeau de Jean-Jacques Rousseau (85). Reproduction de format in-8 en largeur. Très belle épreuve avant toutes lettres.

1368 — Le Pouvoir de l'Amour, d'après J.-B. Deshayes (98). Très belle épreuve avant la lettre, les noms d'artistes à la pointe, grande marge, plus une épreuve avec la lettre. Deux pièces.

1369 — La bonne éducation, d'après Greuze (104). Très rare épreuve avant toutes lettres, retouchée au crayon par l'artiste.

1370 — Armoiries (133, 134, 135, 136, 137, 138). Six pièces. Très belles épreuves avant la lettre, rares.

1371 — Fleuron de titre, gravé par Prevost, pour Oraison funèbre de Stanislas, roi de Pologne, 1766. Trois épreuves avant la lettre.

MOREAU (d'après J.-M.)

1372 — Neuf gravures in-8, par et d'après Moreau, pour Orlando furioso (152). Très belles épreuves, plusieurs sont avant la lettre et avant la bordure.

1373 — Trois gravures in-4 en largeur pour le Voyage du jeune Anacharsis en Grèce, suite demeurée inachevée (154). Très rares épreuves, à l'état d'eau-forte.

1374 — Titre pour Pygmalion, scène lyrique de M. J.-J. Rousseau (157). Belle épreuve, grande marge.

1375 — Cinq gravures in-8 pour les œuvres de Boileau, publiées par Renouard (158). Deux suites. Belles épreuves.

MOREAU (d'après J.-M.)

1376 — Vignettes in-8, pour le Chansonnier des Grâces (164). — Les Conversations d'Emilie (175). — Le Jugement de Pâris (197). — Les Bienfaits du sommeil (198). — Les Egarements de l'Amour (199). — Les quatre âges de la femme (261), etc., etc. Seize pièces avant la lettre, dont deux à l'eau-forte.

1377 — Vignette in-32, pour : De officiis ad Marcum filium, de Cicéron, 1773 (167). Epreuve avant toute lettre.

1378 — Vignettes in-8 pour les Œuvres de Pierre et Thomas Corneille, publiées par Renouard (168). Neuf pièces. Belles épreuves.

1379 — Deux vignettes in-4 pour les Œuvres de Delille (170, 171). Belles épreuves, avant la lettre.

1380 — Vignettes in-8 pour les Lettres à Emilie sur la mythologie de Demoustier. Paris, Renouard. Trente-trois pièces. Très belles épreuves avant la lettre et eaux-fortes, plus cinq pièces avec la lettre.

1381 — Gravures in-8 comme en-têtes de pages, pour Histoire de la maison de Bourbon, par Desormeaux (176). Quinze pièces. Très belles épreuves avant la lettre, rares.

1382 — Vignette-frontispice pour : Etrennes lyriques anacréontiques, 1791 (179). — Vignette in-12 pour Contes et nouvelles en vers par G. de M. (Moyria) (224. — Vignette-frontispice pour Charles Martel (260) et vignettes in-8 pour les fabliaux et Télémaque. Six pièces. Très belles épreuves, dont quatre avant la lettre et eaux-fortes.

1383 — Vignettes in-8 pour Tom Jones, ou histoire d'un enfant trouvé, de Fielding, 1833. Neuf pièces. Très belles épreuves avant la lettre et eaux-fortes.

1384 — Huit gravures in-8 à claire-voie, pour les Œuvres de Florian. Paris, Renouard, 1820 (184). Très belles épreuves avant la lettre, dont quatre à l'eau-forte, plus trois pièces doubles, en tout onze pièces.

MOREAU (d'après J.-M.)

1385 — Vignettes in-8 pour les Œuvres de Gessner, publiées par Renouard, 1799 (189). Vingt pièces avant la lettre. Très belles épreuves, six sont avec la lettre.

1386 — Gravures in-4 pour les Lettres d'Héloïse et Abailard (194). Trois pièces dont une avant la lettre.

1387 — Deux gravures grand in-4 pour les Satyres de Juvénal, traduites par J. Dusaulx. Paris, Didot jeune, 1796 (200). Très belles et rares épreuves avant la lettre, une est à l'état d'eau-forte.

1388 — Vignettes-frontispices, en-têtes et fleurons pour les Œuvres de Laujon et Imbert. Huit pièces.

1389 — Gravures in-8 pour les Fabliaux ou contes, fables et romans du XIIe et du XIIIe siècle, par Legrand-d'Aussy. Onze pièces. Très belles épreuves avant la lettre, une est à l'eau-forte.

1390 — Deux gravures in-4 pour Entretiens de Phocion sur le rapport de la morale avec la politique. Paris, Didot, 1791 (215). Très belles épreuves, avant la lettre.

1391 — Deux gravures grand in-4 pour Réflexions morales de l'empereur Marc-Antonin, traduites du grec par Dacier. Paris, Didot, 1800 (216). Très rares et belles épreuves avant la lettre, une est à l'état d'eau-forte avec toute sa marge.

1392 — Vignette in-8, gravée par Duclos, pour les Incas (217). Rare épreuve avant la lettre.

1393 — Sept gravures in-8, pour les Œuvres de Métastase. Paris, 1780-'82 (219). Très belles et rares épreuves avant la lettre. Deux pièces sont doubles, et une est à l'eau-forte.

1394 — Huit pièces pour le même livre. Belles épreuves avant la lettre.

1395 — Vignettes in-8 pour le Nouveau Testament en latin et en français, traduit par Sacy, 1791 (225). Dix-huit pièces avant la lettre ou eaux-fortes, plus cinq pièces avec la lettre. Très belles épreuves.

MOREAU (d'après J.-M.)

1396 — Suite complète de cinq gravures in-8, gravées par De Launay, Massard, Simonet et de Longueil, pour les Grâces par Meusnier de Querlon (233). Belles épreuves.

1397 — Les Grâces, gravé par de Launay (233. 1). Pièce de la suite précédente. Très rare épreuve avant la lettre.

1398 — Encadrement ornementé, imitation du titre des Grâces, gravé par B., 1779. Epreuve avant la lettre.

1399 — Suite de six gravures in-18 pour Almanach historique ou précis de la Révolution française, par Rabaut (234). Belles épreuves dont une double avant la lettre.

1400 — Le frontispice de la suite précédente et la réduction in-32. Deux pièces. Très belles épreuves avant la lettre, une a toute sa marge.

1401 — Vignettes in-8, pour les œuvres de Racine. Paris, Remond et Ménard, 1811 (236). Huit pièces, dont une avant la lettre.

1402 — Gravures in-8 et in-4, pour : Histoire philosophique et politique des établissements et du commerce des Européens dans les deux Indes, par G. Th. Raynal, 1780. Dix pièces dont deux doubles, une avant la lettre et l'autre à l'eau-forte.

1403 — Six pièces doubles des précédentes. Belles épreuves.

1404 — Gravures in-8, pour les œuvres de Regnard, (240). Trois pièces. Belles épreuves, avec le titre en haut, en lettres grises.

1405 — Fleurons pour les œuvres de Rousseau, 1774. Deux pièces avant la lettre.

1406 — Vignettes in-12, pour : Histoire de Gérard de de Nevers, 1792, et Histoire du Petit Jehan de Saintré, 1791. Cinq pièces avant la lettre.

1407 — Vignettes in-8, gravées par Delvaux, Dambrun et Simonet, pour les œuvres de Virgile. Paris 1796, (266). Quatre pièces. Très belles épreuves avant la lettre.

MOREAU (d'après J.-M.)

1408 — Vignettes in-8, pour les œuvres de Voltaire, édition de Kehl. Sept pièces. Très belles épreuves, une est avant la lettre et une à l'eau-forte.

1409 — Vingt-deux vignettes in-8, pour les œuvres de Voltaire, publiées par Renouard, (270). Très belles épreuves avant la lettre.

1410 — Quatre pièces doubles des précédentes. Très belles épreuves avant la lettre.

1411 — Sept pièces de la même collection. Très rares épreuves à l'état d'eau-forte.

1412 — Portrait de Louis XV, coupé du répertoire de Fontainebleau, gravé par Lempereur. (308). Belle épreuve.

1413 — Louis XV, répertoire de Fontainebleau, 1770, gravé par Ponce, (309). Très belle épreuve avant l'inscription dans le milieu.

1414 — Valenciennes (P. H. de), amateur, gravé par Saint-Aubin, in-8, (328). Belle épreuve, marge.

1415 — Zamoiski (J.), gravé par Massard (331). Belle épreuve, marge.

1416 — Armoiries (332, 333, 334). Trois pièces gravées par Martini. Très belles épreuves, rare.

1417 — Armoiries, gravé par Gaucher (335), Très belle épreuve avant la lettre, rare.

1418 — Carte de membre de la commune des Arts, gravé par Choffard, (338). Belle épreuve du deuxième état, rare.

1419 — La France à demi couchée par terre pleure sur le buste en médaillon du roi. — La Mort, son sablier d'une main, pose l'autre, couverte de son voile funèbre sur un médaillon du roi. Deux en-tête de pages pour les descriptions du Mausolée et Catafalque de Louis XV à Saint-Denis et à Paris, (354-355). Deux pièces. Très belles épreuves avant la lettre, plus une pièce double avec différence.

MOREAU (d'après J.-M.)

1420 — Le Seigneur chez son fermier, par Delignon. Belle épreuve.

1421 — Les Petits Parrains. Les Précautions. Deux pièces réductions, in-8, (369). Très belles épreuves.

1422 — N'ayez pas peur, ma bonne amie. — La rencontre au bois de Boulogne. — Le rendez-vous pour Marly. — Les délices de la maternité. Quatre pièces, réduction in-8, gravées par Gleich.

1423 — Figures de l'Histoire de France 1785, (371). Huit pièces. Rares épreuves avant la lettre et eaux-fortes.

1424 — Quatorze gravures in-4 et in-fol., pour : Histoire générale et particulière des religions et du culte de tous les peuples du monde, tant anciens que modernes, par F. H. Stanislas Delaulnaye, Paris, 1791, (372). Belles épreuves, dont six avant la lettre et une à l'eau-forte.

1425 — Frontispice, gravé par de Longueil, pour : Histoire générale et particulière des religions, par F. H. Stanislas Delaulnaye, 1791. Deux épreuves dont une avant la lettre.

1426 — Frontispice pour le même livre, composition différente de celle publiée. Très rare épreuve à l'état d'eau-forte, en bas : L. Pauquet, sculp.

1427 — Huit vignettes in-8 pour les Traits de l'histoire universelle sacrée et profane. Paris, le Bas 1760, 1771 (373). Belles épreuve.

1428 — Fleurons, en-tête de pages et culs-de-lampe, pour le Musée français, publié par Robillard, Péronville et Laurent. Quatre volume in-fol. Très belles épreuves avant la lettre.

1429 — Six pièces doubles des précédentes. Très belles épreuves avant la lettre, dont deux à l'eau-forte.

1430 — Titres-frontispices in-8 et in-fol. gravés par Simonet, pour : Tableau général de l'empire Ottoman, par Mouradja. Cinq épreuves de ces deux titres. Très belles épreuves avant la lettre.

MOREAU (d'après J.-M.)

1431 — Arrivée de J.-J. Rousseau aux champs-Élysées; gravé par Macret (390). Très belle épreuve avant la dédicace.

1432 — Le Curtius français ou la mort du chevalier d'Assas; gravé par J.-B. Simonet (394). Superbe épreuve avant la lettre, grande marge.

1433 — La même estampe. Belle épreuve avant la lettre.

1434 — Fidélité héroïque à la bataille de Pavie; gravé par de Longueil (397). Belle épreuve.

1435 — Le Gâteau des Rois, par N. Le Mire (398). Très belle épreuve, marge.

1436 — Les Vœux accomplis, par J.-B. Simonet. Belle épreuve.

1437 — Un volume in-8, contenant des vignettes pour les œuvres de Voltaire, Boileau, Molière, Crébillon, Corneille, Demoustier, Gessner. — Fénelon, les Fabliaux, etc. Portraits gravés par Saint-Aubin, pour les œuvres de Voltaire, le tout publié par Renouard, soixante-quatre pièces dont plusieurs avant la lettre.

1438 — Vignettes diverses pour les œuvres d'Imbert, Rousseau et autres. Portraits, etc. Quatorze pièces.

1439 — Vignettes in-8, pour les œuvres de Molière et la Fontaine. Quatorze pièces, dont quatre avant la lettre. Très belles épreuves.

1440 — Vignettes in-8, pour les métamorphoses d'Ovide, les œuvres de Racine, Télémaque, Marmontel, B. de Saint-Pierre, Voltaire, La Fontaine, etc. Quarante-six pièces, dont plusieurs avant la lettre.

OUDRY (d'après J.-B.)

1441 — Le Singe et le Léopard, figure pour les Fables de La Fontaine; gravé par N. Le Mire. Épreuve du premier état, avant le mot *Léopard*, dans le haut de la gravure.

OUDRY (d'après J.-B.)

1442 — Figures in-fol. pour les Fables de La Fontaine. Treize pièces, dont deux à l'état d'eau-forte.

1443 — Recueil de cent trois gravures in-fol., par divers graveurs, pour illustration des Fables de La Fontaine. Très belles épreuves avec grandes marges.

1444 — La Curée faite. — Le Cygne effrayé. Deux pièces gravées par Le Bas. Très belles épreuves, grandes marges.

1445 — Recueil de divers animaux de chasse, gravé à l'eau-forte par J.-E. Ren et terminé au burin par J.-P. Le Bas. Suite de douze pièces, dont un titre. Superbes épreuves avec marges.

1446 — Le Parc aux Cerfs. — La petite Fermière. Deux pièces gravées par P. Martinasic, sous la direction de Le Bas, d'après Wouvermans. Belles épreuves avec marges.

PARKER

1447 — Le Pouls, d'après Northcote. Belle épreuve, toute marge.

PARROCEL (d'après)

1448 — Danse à l'Italienne, par Le Bas. Belle épreuve, marge.

PATER (d'après J.-B.)

1449 — Sept pièces faisant partie de la suite de seize, du Roman Comique de Scarron, gravées par Surugue père et fils, Lépicié et Audran. Superbes et rares épreuves avant toutes lettres; six ont de grandes marges.

1450 — Trois pièces doubles des précédentes. Superbes épreuves avant la lettre, marges.

1451 — Quatorze pièces de la même collection. Très belles épreuves avec marges.

1452 — Les Aveux indiscrets, par Fillœul. Très belle épreuve du premier état, avant l'adresse de Buldet, marge.

1453 — La Conversation intéressante, par Fillœul. Belle épreuve.

PAUQUET (L.)

1454 — Minerve soutenant un écu couronné, posé sur le dos d'un aigle. Épreuve à l'état d'eau-forte.

1455 — Fleuron pour un livre sur les médailles. Rare épreuve à l'état d'eau-forte.

PERIN (d'après)

1456 — Vignettes in-8 gravées par Pauquet, Halbou et Romanet, pour la Pharsale. Six pièces. Très rares et belles épreuves à l'état d'eau-forte.

PONCE (Mme)

1457 — En-tête de pages d'après Desrais et Desmaisons, pour les Nouvelles de Dussieux. Deux pièces. Très belles épreuves avant la lettre.

PORPORATI

1458 — Cartouche ornementé, formé de draperies et de fleurs. Rare épreuve avant la lettre.

POUSSIN (d'après N.)

1459 — Les Sacrements et autres compositions religieuses. Dix pièces in-8 et in-4. Plusieurs sont à l'eau-forte ou avant la lettre, sur chine.

PRUD'HON (d'après P.-P.)

1460 — Le Zéphire, — Abrocome E. Anzia, — Daphnis et Chloé, — Jésus portant sa croix, etc. Dix pièces gravées par Roger et autres. Belles épreuves. Plusieurs sont avant la lettre et une est à l'eau-forte.

1461 — Vignette in-4 gravée par B. Roger, pour Daphnis et Chloé. Belle épreuve avant la lettre, grandes marges.

1462 — Aminta; gravé par Roger. Quatorze épreuves.

QUEVERDO (d'après)

1463 — Suite de cinq vignettes grand in-8 gravées par Thérèse Martinet, pour le Maréchal, opéra-comique. Belles épreuves; manque le frontispice.

QUEVERDO (d'après)

1464 — Suite de six vignettes in-18, représentant six scènes de Blaise et Babet, pour un almanach du XVIIIe siècle, dédié à Mme Dugazon. Très belles épreuves avant la lettre.

1465 — Suite de seize vignettes in-18 pour des Almanachs galants du XVIIIe siècle; gravées par Dambrun. Superbes épreuves avant la lettre.

1466 — Vignettes et titres in-8 et in-18 pour les œuvres d'Anacréon, Florian, Ovide, les Aventures de Télémaque. Seize pièces avant et avec la lettre, plusieurs sont à l'eau-forte.

1467 — Vignettes in-8 et in-18 pour les œuvres de Florian, pour Télémaque, les Liaisons dangereuses, etc. Trente pièces avant et avec la lettre.

RAMBERG (H.)

1468 — Joconde. Très belle épreuve avant toutes lettres, marge.

1469 — La Jument du Compère Pierre. Très belle épreuve avant toutes lettres, marge.

1470 — Le Poirier enchanté. Très belle épreuve avant toutes lettres, marge.

1471 — Le Paysan qui cherche son veau. Très belle épreuve avant toutes lettres, marge.

1472 — Les Lunettes. Grand in-fol. en largeur. Très belle épreuve avant toutes lettres.

1473 — Le Rossignol. Grand in-fol. en largeur. Très belle épreuve avant toutes lettres.

1474 — Les Soldats en goguette, en couleur. Très belle épreuve, marge.

RANSONNETTE (d'après)

1475 — Conradin, décapité à Naples en 1268. — Grégoire V fait couper les pieds, les mains, la langue, le nez et les oreilles à Jean et à Crescentius. — Portraits de l'abbé de Condillac et de Gabriel Bonnot de Mably, etc. Onze pièces dont cinq avant la lettre ou à l'eau-forte. Très belles épreuves.

SAINT-AUBIN (d'après G.)

1475 *bis.* — Frère Luce, pour les Contes de La Fontaine. In-fol. en hauteur. Très rare épreuve à l'état d'eau-forte, marge.

SAINT-AUBIN (Aug. de)

1476 — Mes Gens, ou les Commissionnaires ultramontains au service de qui veut les payer. — C'est ici les Différens Jeux des Petits Polissons de Paris. Quatorze pièces divisées en deux suites, avec titres. Belles épreuves.

1476 *bis.* — Rien n'est beau que le vrai. — Le Laocoon. — Fleurons pour les médailles du duc d'Orléans, etc. Treize pièces. Les fleurons sont avant la lettre.

1477 — Médaille de représentant du peuple, d'après Lanceuville (E. B. 1325). Superbe épreuve. Très rare.

SAINT-QUENTIN (d'après)

1478 — Les Garants de la félicité publique, gravé par Née et Masquelier. Très belle épreuve, toute marge.

1479 — Vénus aux Colombes, gravé par Littret. Très belles épreuve avant la lettre, marge.

SALLIETH

1480 — Bataille, commandée par le prince d'Orange, auquel on amène un prisonnier. Grande pièce in-fol. en largeur. Très belle épreuve avant la lettre, marge.

DE SÈVE

1481 — Vignettes, fleurons et en-tête. Dix pièces avant et avec la lettre. Très belles épreuves.

SLODTZ (d'après M.-A.)

1482 — Bal du May, donné à Versailles pendant le carnaval de l'année 1763, Gravé par Martinet. Belle épreuve. encadré.

SMIRKE

1483 — Vignettes pour illustration d'œuvres d'auteurs anglais. Dix-huit pièces, dont plusieurs avant la lettre.

SWEBACH

1484 — Le Retour du marché. Belle épreuve avec marge.

TAUNAY (d'après)

1485 — Noce de village. — Foire de village. Deux pièces in-8 gravées par Descourtis. Superbes épreuves, marges.

THÉOLON (d'après)

1486 — Invocation à l'Amour, gravé par Guttenberg. Très belle épreuve, toutes marges.

DE TROY (d'après)

1487 — Henri IV assis sur des nuages, soutenant Louis XV enfant, gravé par Surugе. Belle épreuve avec marge.

TURNER, CALLOW, etc. (d'après)

1488 — Vues de France, publiées dans le Lanscape, de 1830 à 1840. Cinquante-quatre pièces.

UWINS

1489 — Vignettes pour illustration des œuvre sde Shakespeare, Swift, Robinson Crusoé, les Mille et une Nuits, etc. Trente-deux pièces avant et avec la lettre, en partie sur chine.

VANGORP (d'après)

1490 — Le Déjeuner de Fanfan, gravé en couleur par Mallet. Très belle épreuve, grande marge.

1491 — Les Soins maternels. — La Lecture interrompue. Deux pièces de forme ronde, gravées en couleur sur une même feuille. Très belles épreuves, marge.

VANLOO (d'après C.)

1492 — Portrait de Carle Vanloo, gravé à la sanguine par Demarteau. Très belle épreuve.

VARIN frères

1493 — Vue perspective de l'entrée principale du Palais des Juridictions et des Prisons royales de la ville de Caen, d'après Le Fèvre. Très belle épreuve avant la lettre, marges.

VERNET (d'après C.)

1494 — Fête de Virgile à Mantoue, le 24 vendémiaire an VI, gravé à l'eau-forte par Malbeste et terminé par Niquet. Superbe épreuve avant la lettre, grandes marges.

1495 — Les Ennuyés chez eux (intérieur du café Procope), gravé par Tresca. Très belle épreuve avant la lettre, grande marge.

VERNET (J.)

1496 — Paysage gravé à l'eau-forte. Belle épreuve.

VERNET (d'après H.)

1497 — Vignettes in-8 pour les œuvres de Molière, — Danaé, — Costumes, etc. Seize pièces avant et avec la lettre.

WINKELES

1498 — Vignettes in-8 pour illustrations d'ouvrages du XVIIIe siècle. Cinquante-six pièces avant la lettre, plus sept pièces avec la lettre.

WATTEAU (d'après Ant.)

1499 — Son portrait in-8, sans nom de graveur. Belle épreuve.

1500 — Louis XIV mettant le cordon bleu à Monsieur de Bourgogne, père de Louis XV, par De Larmessin. Très belle épreuve, marge.

1501 — La Perspective, par Crespy. Rare épreuve avant beaucoup de travaux.

1502 — Les Plaisirs pastoral par N. Tardieu. Superbe épreuve, toute marge.

WATTEAU (d'après Ant.)

1503 — Paysage, gravé par Caylus. Très rare épreuve avant la lettre, à l'état d'eau-forte.

1504 — Comédiens français. — Comédiens italiens. Deux pièces publiées chez Bonnart. Belles épreuves.

WESTALL

1505 — Vignettes diverses, pour illustration d'auteurs anglais. Cent soixante-neuf pièces, avant et avec la lettre.

YOUNG (J.)

1506 — Portrait de Jacques Delille, d'après J. L. Monnier; in-fol. en manière noire. Très belle épreuve, marge.

AUTOGRAPHES

1507 — **Béranger.** *Le Fils du Pape*, chanson autographe à *la mine de plomb*, 4 pages. — Très belle chanson qui fut donnée à Grandville pour faire son dessin de la suite de 1836, 3 vol. grand in-8 (provient de la veuve de Grandville).

1508 — **Béranger** (P.-J. de). *L'Habit de Cour*, ou Visite à une altesse. — Chanson autographe de 4 pages in-8. Très rare : les autographes des *Chansons de Béranger* sont fort rares et très recherchés.

1509 — **Béranger** (P.-J. de). *La Petite Ouvrière*, chanson autographe de 2 pages 3/4, in-8. — Très rare et très jolie pièce de cette jolie chanson originale.

1510 — **Désaugiers** (M.-Ant.-Mad.), le célèbre chansonnier. *Britannicus et les Héritiers*, chanson autographe, 6 pages in-4. — Curieux récit de la représentation donnée au Théâtre-Français le 16 novembre 1814.

1511 — **Diderot.** Cinq lignes non signées.

1512 — **Fréron.** Lettre autographe de 2 pages in-4, signée, 14 janvier 1755.

1513 — **Théophile Gautier.** Lettre autographe de deux lignes, signée, adressée à M. Boccage.

1514 — **Victor Hugo.** Lettre autographe de 2 pages in-8, signée.

1515 — **M. de Lescure.** Lettres et billets relatifs à ses publications. 152 pièces toutes adressées à M. Poulet-Malassis.

1516 — **Littérateurs.** 114 l. a. s. — *Achard* (A.), *Astruc Audebrand*, *Berthet* (Élie), *Bonhomme* (H.), *Burty* (Ph.), *Castille* (Hipp.), *Chasles* (Philarète), *Clairville*, *Claretie* (Jules), *Claudin* (G.), *Cochinat* (V.), *Delord* (Taxile), *Depping* (G.), *Deschanel*, *Deslandes* (Raimond), *Desnoiresterres* (G.), *Desnoyers* (L.), *Duchesne* (A.), *Fournier* (Édouard), *Franklin* (Alfred), *Gandar*, *Girardin* (E. de), *Goncourt* (J. de), *Gondinet* (E.), *Gonzalès* (E.), *Gozlan*, *Grun*, *Hetzel* (Jules), *Joanne* (A.), *Jourdan* (Louis), *La Bédollière* (Emile de), *Lacroix* (Octave), *La Fizelière* (Albert de), *Lafon* (Mary), *Larchey* (Lorédan), *Léouzon le Duc*, *Lescure* (M. de), *Mirecourt* (Eug. de), *Montémont* (Albert), *Mornand*, *Révillon* (Tony), *Saint-Victor* (Paul de), *Siraudin*, *Thierry* (Ed.), *Vacquerie*, *Vallet de Viriville*, *Vapereau*, *Vitu* et *Wey* (Francis). — Correspondance très intéressante. Toutes les lettres sont adressées à M. A. de La Fizelière et contiennent des détails littéraires.

1517 — **Georges Sand.** Lettre autographe, signée. Une page in-8. 2 décembre 1832.

Paris. — Imprimerie Pillet et Dumoulin, 5, rue des Grands-Augustins.

253 — 22 St Gennes

262 — 26 D°

267 — 142 Chassaing

271 42 St Geniès

276 42 D°

290 80

311 — 17 Frachy

318 — 10 Valentin

319 bis 11 D°

344 — 26 Merlin

357 22 St [illegible]

463 27 Detailleur

478 85 Ruvenat

www.ingramcontent.com/pod-product-compliance
Ingram Content Group UK Ltd.
Pitfield, Milton Keynes, MK11 3LW, UK
UKHW021047230726
13926UKWH00004B/1691